白话幼学琼林

文白对照

国学

〔明〕程登吉◎撰 王黎雅◎等注

陕西新华出版传媒集团·三秦出版社

图书在版编目（CIP）数据

白话幼学琼林 /（明）程登吉撰；王黎雅等注. —2 版. —西安：三秦出版社，2003.07（2022.5 重印）
（传统文化经典读本）
ISBN 978-7-80546-295-0

Ⅰ. 白… Ⅱ. ①程… ②王… Ⅲ. 汉语 - 古代 - 启蒙读物 Ⅳ. H194.1

中国版本图书馆 CIP 数据核字（2003）第 042823 号

传统文化经典读本
白话幼学琼林

〔明〕程登吉　撰　王黎雅　等注

出版发行	陕西新华出版传媒集团　三秦出版社
社　　址	西安市雁塔区曲江新区登高路 1388 号
电　　话	（029）81205236
邮政编码	710061
印　　刷	北京华强印刷有限公司
开　　本	710mm×1000mm　1/16
印　　张	13.25
字　　数	160 千字
版　　次	2003 年 7 月第 2 版 2022 年 5 月第 2 次印刷
标准书号	ISBN 978-7-80546-295-0
定　　价	38.00 元

幼 学 图

总　　序

　　中国是举世闻名的文明古国，其光辉灿烂的传统文化，已成为整个人类共同的精神财富。随着时代的进步，随着探索自然、认知社会的触角不断深入，人们比以往任何时候都迫切需要发掘传统文化宝藏，汲取更多的智慧和精神力量，来进行自我完善、自我提高，从而获取成功。于是许多人都不约而同地把目光投向那些历尽风雨淘洗的传世经典，吟之诵之，含英咀华。他们意识到，不了解唐诗宋词，没读过孔孟老庄，其麻烦不仅仅是难以达到辩才无碍的境地或获得博学多识的美誉，而且会在工作、学习及社会生活的许多方面遭遇尴尬。反之，熟知经典，以古为镜，以古为师，必定会在全新意义上的修身、齐家、治国平天下方面收到奇效。这方面例子很多，如国内某名牌高校从《易经》中提取"厚德载物"做为校训，培养了无数英才；日本企业家运用《孙子兵法》和《菜根谭》进行经营管理，屡创经济奇迹；某自然科学家要求弟子背诵《道德经》，作为攻克难关前的心理演练；某诺贝尔奖得主坦言，其所以能够历经磨难取得突破，全得益于《孟子》中的一句名言。近年来我国中小学实验教材不断加大古诗文比重以及高考试题频频"考古"，也是为了促进素质教育，培养一代新人。

　　传统文化经典很多，就存在一个轻重缓急和选择的问题，我们不赞成搞什么"百种必读"或"50种必读"，武断地制造一个封闭系统。我们认为中国传统文化经典宝库应当是开放的，其中异彩纷呈，玉蕴珠藏。所以我们推出这套《传统文化经典读本》丛书，第一批20种，只能说是向广大读者奉献的最基本的、应当最先了解的经典作品，包括《易经》、《论语》、《孟子》、《道德经》、《庄子》、《孙子兵法》、《幼学琼林》、《唐诗三百首》、《宋词三百首》、《元曲三百首》等。我们还将根据情况陆续推出第二辑、第三辑。值得说明的是，我社自上个世纪80年代就开始致力于传统文化经典的整理普及，是最早出版白话类经典读本的出版社之一。此次推出的这批图书都是精选版本、精选作者，付出了艰苦努力完成的，内在质量上乘，曾作为我社品牌图书，经受了市场的检验，受到读者的广泛好评。为适应新的形势，更好满足读者的需求，我们对其进行了重新改造整合，使之在版式、装帧等方面更趋考究精美。同时也希望读者多提批评意见，以便进一步改进。

魏全瑞
2003年7月

序　言

源远流长的灿烂中华文明有两个源头，即长江和黄河。历史悠久的中国古代文献，在其漫长的流传过程中，也有两条支流。一是以四书五经为代表的儒家典籍，由孔夫子发端在前，孟子、董仲舒、朱熹等踵其后，蔚为大观；更由于历代统治者利用科举制度加以提倡，所以一直受到社会各阶层的广泛重视。儒家学者，不绝如缕；儒家著作，汗牛充栋。二是不为士大夫所重的启蒙读物，虽系口耳相传，为村夫俗子所读，但因其读者队伍的庞大，因而也具有较大的影响，只是这种影响往往容易被人忽略而已。

最早的启蒙读物可以追溯到秦相李斯等编撰的《苍颉篇》和西汉史游的《急就章》，唐代的《兔园册》也是其中比较著名的一种。可惜这些书均未能完整地保存下来。现存时代最早而又比较完整的，当属南朝梁周兴嗣奉梁武帝之命编撰的《千字文》。有宋以降，启蒙读物层出不穷，呈现了大发展的形势。这种局面一直保持到清末民国时期，可谓空前繁荣。

启蒙读物是为幼童编写的，故一般句子不长，明白如话，合辙押韵，琅琅上口，极便于文化程度不高的人接受，故其读者已不仅是学童，还包括了许多农工商界的成年人。在漫长的封建社会中，通过学习启蒙读物，从而达到粗通文字，并掌握一些文化常识的人，应该是为数不少的。

启蒙读物的内容主要分三个方面：一是识字性读物，如《急就篇》、《三字经》、《百家姓》、《千字文》等；二是知识性读物，在认识一些基本字的基础上，开始讲述历史知识、成语典故、诗韵等方面的内容，如《十七史蒙求》、《龙文鞭影》、《东莱博议》、《声律启蒙》等；三是思想性读物，在认字、掌握基本知识的同时，偏重进行思想教育，如《增广贤文》、《神童诗》、《朱子治家格言》、《小儿语》等。

在众多的启蒙读物中，《幼学琼林》可谓其中之佼佼者，相传"读了《增广》（指《增广贤文》）会说话，读了《幼学》（指《幼学琼林》）走天下"，可见其影响之大。

《幼学琼林》原名《幼学须知》，明末程登吉（字允升）原编，清嘉庆年间邹圣脉做了增补，并更名为《幼学故事琼林》。这里的"故事"，不是今人常说的大人给小孩讲的有趣之事，而是"典故"之意。此书一名《成语考》、《故事寻源》，即说明了该书的主旨，有人则将其比做一部成语典故小辞典。"琼林"二字在书名中有两意：一是源于唐德宗时皇家内库之一的琼林库。皇家内库当然应有尽有，此书名"琼林"，自是寓意本书之典故收罗宏富，堪为典故大全、典故宝库之意。二是源于宋代的琼林苑．皇帝例在琼林苑设宴款待新科进士，后遂以"琼林"喻中进士，这里用"琼林"二字，亦有鼓励学童努力读书、长大早登金榜之意。

《幼学琼林》之所以大受欢迎，是与其编排有方分不开的。此书的第一个特点是内容全面。举凡天文地理、科举职官、饮食起居、婚丧嫁娶、花草鸟兽、名物制度、乃至处世哲学，此书皆兼而有之，犹如一本小百科全书。如《幼学琼林·卷四》曰："中国有佛，始于汉明帝。"虽只一句，却讲明了佛教从汉明帝永平十年（公元67年）起开始传入我国的史实。又如"河南在华夏之中，故曰中州；陕西即长安之地，原为秦境"（《幼学琼林·卷一》）。寥寥数语，既介绍了两省的地理沿革，又说明了两省何以称"中州"、"秦"之历史渊源。再如"始皇当年御讳曰政，故至今读正月为征"（《幼学琼林·卷一》）。原来我们今日将农历正月读为"征月"，还是在避两千多年前秦始皇的讳，如果不是书中有此解释，可能多数人是不会相信的。

《幼学琼林》的第二个特点是语言简洁明快。全书不过3万字左右，每一典故，少者只用四五字，多者也不过十余字，便介绍清楚。

篇幅虽不大，涵盖面却极广，且语句均为对偶形式，既便于记忆，又容易上口。如"瓜田李下，事避嫌疑"（《幼学琼林·卷四》），这一典故本源自《文选·君子行》，原诗是："君子防未然，不处嫌疑间。瓜田不纳履，李下不整冠。叔嫂不亲授，长幼不比肩。"而《幼学琼林》仅用8个字便概括了这个典故的主题："事避嫌疑。"至今"瓜田李下"已成为人们习用的成语，这里面也包含了《幼学琼林》的推广之功。又如"竹称君子，松号大夫"（《幼学琼林·卷四》）。记得唐代诗人王维在《过始皇陵》一诗中便用过这一典故，原句是："更闻松韵叨，疑是大夫哀。"有些人弄不懂"大夫"在这里指谁，但一读《幼学琼林》便可知道。这里是用了秦始皇登泰山时在松树下避过雨，因将松树封为"五大夫"的典故。

《幼学琼林》的特点之三是通俗实用。书中所选成语典故多是读书学习及日常生活中经常碰到的，学了就能用，而且可以举一反三。如"青女乃霜之神，素娥即月之号"（《幼学琼林·卷一》）。唐李商隐《霜月》诗曰："青女素娥俱耐冷，月中霜里斗婵娟。""青女"、"素娥"，一般人并不太熟悉，但读了《幼学琼林》，便知其来历，并且能加深对诗句的理解。再如"草木皆兵"这条成语，至今已是耳熟能详了，但未必尽人皆知其出处，而《幼学琼林·卷四》却指出："苻坚望阵，疑草木皆是晋兵。"一箭中的，淝水之战，前秦苻坚望见八公山上的草木均以为是东晋的兵马，吓得望风而逃的情景如在眼前。又如近来观看描述清代宫廷生活的电影、电视剧，如《末代皇帝》等。不少人不明白剧中所称"懿旨"是什么意思，而《幼学琼林·卷一》便有解释："皇帝之言，谓之纶音；皇后之命，乃称懿旨。"影剧中多传达皇太后、皇后的旨意，称为"懿旨"自然是很确当的了。

《幼学琼林》除了上述特点外，对于今天的读者还具有积极意义，不必说一般人可借此掌握不少成语典故，且其中不少格言警句，时值今日，仍发人深省，催人奋进。如"求士莫求全，毋以二卵弃干城之将；用人如用木，毋以寸朽弃连抱之材"(《幼学琼林·卷一》)。"老当益壮，宁知白首之心；穷且益坚，不坠青云之志"(《幼学琼林·卷二》)。"兼听则明，偏听则暗，此魏征之对太宗；众怒难犯，专欲难成，此子产之讽子孔"(《幼学琼林·卷三》)。

毋庸讳言，《幼学琼林》成书于明末清初的封建社会，书中不乏宣扬封建伦理道德的内容。如"命之修短有数，人之富贵在天"(《幼学琼林·卷三》)。"何谓三从，从父从夫从子；何谓四德，妇德妇言妇工妇容"(《幼学琼林·卷二》)。所以，我们在读这本书的时候，应该弃其糟粕，取其精华，达到古为今用，既不可全盘接受，也不应因噎废食。

为了帮助广大读者理解此书，我们将程登吉原编、邹圣脉增补的程邹本《幼学琼林》进行了全文今译，以期文化程度不太高的同志也能读懂理解。如果说这本《白话幼学琼林》能在普及传统文化方面发挥一点作用的话，那是使人感到欣慰的。

目　录

◇ 卷　一 ◇

天　文	新增文十一联	……………………	（ 1 ）
地　舆	新增文十联	………………………	（ 6 ）
岁　时	新增文十联	………………………	（ 11 ）
朝　廷	新增文十联	………………………	（ 17 ）
文　臣	新增文十三联	……………………	（ 21 ）
武　职	新增文十二联	……………………	（ 28 ）

◇ 卷　二 ◇

祖孙父子	新增文十二联	……………………	（ 33 ）
兄　弟	新增文十一联	……………………	（ 40 ）
夫　妇	新增文八联	………………………	（ 44 ）
叔　侄	新增文六联	………………………	（ 49 ）
师　生	新增文八联	………………………	（ 52 ）
朋友宾主	新增文十二联	……………………	（ 56 ）
婚　姻	新增文七联	………………………	（ 62 ）
妇　女	新增文十五联	……………………	（ 66 ）
外　戚	新增文十联	………………………	（ 73 ）
老幼寿诞	新增文十二联	……………………	（ 77 ）
身　体	新增文十三联	……………………	（ 82 ）
衣　服	新增文十二联	……………………	（ 92 ）

◇ 卷　　三 ◇

人　　事	新增文十二联	（ 97 ）
饮　　食	新增文十一联	（116）
宫　　室	新增文十二联	（122）
器　　用	新增文十一联	（126）
珍　　宝	新增文十联	（132）
贫　　富	新增文十联	（138）
疾病死丧	新增文十二联	（143）

◇ 卷　　四 ◇

文　　事	新增文十三联	（150）
科　　第	新增文十二联	（157）
制　　作	新增文七联	（162）
技　　艺	新增文十二联	（166）
讼　　狱	新增文十二联	（170）
释道鬼神	新增文十二联	（175）
鸟　　兽	新增文十三联	（181）
花　　木	新增文十一联	（193）

卷 一

天 文

新增文十一联

【原文】

混沌初开，乾坤始奠。气之轻清上浮者为天，气之重浊下凝者为地。日月五星，谓之七政；天地与人，谓之三才。日为众阳之宗，月乃太阴之象。虹名螮蝀，乃天地之淫气；月里蟾蜍，是月魄之精光。风欲起而石燕飞，天将雨而商羊舞。旋风名为羊角，闪电号曰雷鞭。青女乃霜之神，素娥即月之号。雷部至捷之鬼曰律令，雷部推车之女曰阿香。云师系是丰隆，雪神乃是滕六。欻火、谢仙，俱掌雷火；飞廉、箕伯，悉是风神。列缺乃电之神，望舒是月之御。甘霖、甘澍，俱指时雨；玄穹、彼苍，悉称上天。

【译文】

混沌的元气一经开辟，上天下地从此奠定。轻薄的清气浮在上面便是天，厚重的浊气凝在下面便是地。日、月和金、木、水、火、土五星，叫做七政；天能覆盖万物，地能运载万物，人是万物之灵，合起来叫做三才。日出于白昼，是众阳的宗主；月出于昏夜，是太阴的形象。虹的别名叫螮蝀，是太阳光线与水气交相辉映，出现在天空的彩晕；月宫里的蟾蜍，是月球阴影的色彩。风要刮起的时候，那石头燕雀便翻飞起来，天要落雨的时候，那被称作商羊的独足鸟便跳起舞来。风势回旋，仿佛羊角盘曲回旋，所以叫做羊角风；闪电划破长空，发出长长的耀眼之光，然后隆隆的雷声才能传到耳边，所以闪电叫做雷鞭。青女，是主管降霜的神灵，素娥，是月亮的别号。雷部里面有疾走如飞的小鬼，叫律令，还有推雷车的女子，叫阿香。主管云的法师，是丰隆，主管降雪的神仙，叫做滕六。欻火和谢仙，都是掌管雷火的；飞廉和箕伯，都是风神。列缺，是主管电光的神，望舒，是为月亮驾车的仙人。甘霖同甘澍，都是指及时的好雨；玄穹和彼苍，都是高天的名称。

【原文】

雪花飞六出，先兆丰年；日上已三竿，乃云时晏。蜀犬吠日，比人所见甚稀；吴牛喘月，笑人畏惧过甚。望切者，若云霓之望；恩深者，如雨露之恩。参商二星，其出没不相见；牛女两宿，惟七夕一相逢。后羿妻，奔月宫而为嫦娥；傅说死，其精神托于箕尾。披星戴月，谓早夜之奔驰；沐雨栉风，谓风尘之劳苦。事非有意，譬如云出无心；恩可遍施，乃曰阳春有脚；馈物致敬，曰敢效献曝之忱；托人转移，曰全赖回天之力。感救死之恩，曰再造；诵再生之德，曰二天。势易尽者若冰山，事相悬者如天壤。晨星谓贤人寥落，雷同谓言语相符。

【译文】

草木花都是四瓣、五瓣，惟独雪花是六瓣，瑞雪飘飘，是丰年的预兆；古人以竹竿测日影，日光爬到三竿以上，是说时间已经很晚了。蜀地山高少日，日出则群犬狂吠，后人用这个现象，比喻人少见多怪；吴地的水牛畏惧炎热，看见月亮疑是太阳升起，便气喘急促，后人用这种现象来讥诮人惧怕过甚。说人盼望殷切，仿佛大旱之年望天空的云霓，因为云兴而雨来，雨后方见天边的一抹虹霓；受人恩泽之深厚，如同万物受到雨露的滋润。参星在西，商星在东，此出彼没，永不相见，人们用参商二星，比喻彼此隔绝，杜甫诗曾云："人生不相见，动如参与商"；牵牛星和织女星隔银河而遥遥相对，每年七月七日才能在鹊桥上相逢。后羿从西王母处请来不死之药，被妻子窃食而奔向月宫，变成广寒宫中美丽的仙女嫦娥。相传傅说曾版筑于傅岩之野，武丁访得，拜为殷相，励精图治，出现了中兴的局面，传说傅说死后，他的精神跨于箕尾二宿之间，后人常以骑箕尾指国家重臣的死亡。披星而出，戴月而归,是说日夜奔波,倍极辛劳;雨来洗面,风来梳发,是说一个人风尘困苦,饱经风雨。事情竟在无意中轻松地完成,仿佛山巅上的浮云,并非有意就会在山间出现;恩泽可以广泛施行,就像春天里的暖风,处处都有她的足迹。古时有个贫穷农夫,春天在阳光下耕作,感觉温暖舒适,他说,我想把晒太阳这方法献给国君,必有重赏,后人以此比做馈送人的礼物,表示敬意;托人斡旋一件事情,就说完全仰仗你的回天之力。感激人救死的恩惠,说是再造;称颂人再生的德行,说是二天。势力容易消亡,仿佛太阳照耀下的冰山,事物彼此悬殊,如同一天一地。贤人稀少,好比早晨的星辰,七零八落,稀疏可数,言语一样,像那雷声响后,彼此应和,四处皆同。

【原文】

心多过虑,何异杞人忧天;事不量力,不殊夸父追日。如夏日之可畏,是谓赵盾;如冬日之可爱,是谓赵衰。齐妇含冤,三年不雨;邹衍下狱,六月飞霜。父仇不共戴天,子道须当爱日。盛世黎民,嬉游于光天化日之下;太平天子,上召夫景星庆云之祥。夏时大禹在位,上天雨金;春秋孝经既成,赤虹化玉。箕好风,毕好雨,比庶人愿欲不同;风从虎,云从龙,比君臣会合不偶。雨旸时若,系是休徵;天地交泰,期称盛世。

【译文】

忧虑太过,同那杞人忧天有什么两样;做事全不度量自己的能力,和夸父逐日没有什么不同。像夏天的太阳,炎炎似火,人人惧怕,是说赵盾的为人;像冬天的太阳,温暖人心,人人喜爱,是说赵衰待人和蔼,让人亲敬。齐国的孝妇,夫死不嫁,专心奉养婆母,婆母不忍心继续连累她,自缢而亡。小姑却告嫂嫂杀母,孝妇含冤服罪。郡守不辨真伪,杀妇抵命,上天震怒,三年竟不落雨;邹衍听说燕昭王礼贤下士,自梁至燕,昭王筑碣石宫师事之。昭王死后,惠王听信谗言,捕邹衍入狱,冤不能白,邹衍仰天而哭,时方六月,天忽飞霜。杀父的仇恨,不和仇人共在一个天日下生存,必须拼个你死我活,做儿子的孝道,须要珍惜父母健在的日子。太平盛世的黎民,欢欣愉悦,多嬉游在光天化日之下；太平时期的天子，能感召上天，出现景星庆云的祥瑞。夏朝时的大禹平治水土，感动了上天，连降三天金子，连降三天三夜稻谷；孔子修《春秋》、《孝经》既成，告于上天，赤虹自天而下，化为长三尺的黄玉。箕星好风，毕星好雨，是比方众人的志愿与私欲各不相同，云从龙，风从虎，比方君臣际会遇合不是偶然之事。下雨和天晴按时来到，这是吉庆的征象；天地上下相交，成就泰运，这才称得上是隆盛的世代。

【新增文】

大圜乃天之号，阳德为日之称。涿鹿野中之云，彩分华盖；柏梁台上之露，润浥金茎。欲知孝子伤心，晨霜践履；每见雄军喜气，晚雪销融。郑公风一往一来，御史雨既沾既足。赤电绕枢而附宝孕，白虹贯日而荆轲歌。太子庶子之名，星分前后；旱年潦年之占，雷辨雌雄。中台为鼎鼐之司，东壁是图书之府。鲁阳苦战挥西日，日返戈头；诸葛神机祭东风，风回纛下。束先生精神毕至，可祷三日之霖；张道士法术颇神，能作五里之雾。儿童争日，如盘如汤；辩士论天，有头有足。月离毕而雨候将徵，星孛辰而火灾乃见。

【译文】

大圜是天的名号，阳德是日的称呼。黄帝与蚩尤战于涿鹿之野，有五色云气，金枝玉叶，结花葩之象，覆于黄帝身上，后来黄帝就照云色做成华盖；汉武帝造柏梁台，做金茎，上有仙人掌，擎玉杯承露，取甘露浥注精神。尹吉甫听信后妻谗言，将儿子伯奇赶出家门，孝子伯奇十分伤心，清晨踏着霜，弹着琴作履霜操。唐代李绅镇扬州，章孝标赋春雪诗云："朱门到晚难盈尺，尽是三军喜气销。"这是说雄壮的军队，喜气洋洋，能把门前的晚雪销融。郑弘得仙人助风，早晨乘南风，晚上驾北风，南来北往，以助运载柴薪，后人称为郑公风；颜真卿做御史，平原有冤案得不到判决，天大旱，直至御史秉公执法，天始降雨，百姓得到滋润而满足，被称为御史雨。黄帝之母附宝，见电光缠绕北斗星，感应而怀孕，二十四月后生下黄帝；荆轲入秦刺秦王，燕太子丹送于易水，荆轲歌曰："风萧萧兮易水寒，壮士一去兮不复还。"精诚感动苍天，白色长虹穿过太阳。《晋书·天文志》载，三星，是天王正位，前星是太子星，后星是庶子星；师旷占卜旱年涝年，靠的是分辨雷声的雌雄，他说："雷初发。其音格格霹雳者，乃雄雷旱气；其音依依不大霹雳者，乃雌雷水气。"三台星里面，中台是宰辅之位，专司调和鼎鼐，东壁星，主天下的图书，星明，则人君好文，图书集于府库。春秋时，鲁阳公与韩构鏖战，正打得激烈，太阳却落山了，援戈指挥太阳，果然把西日返转三舍；周瑜欲火烧曹操，苦于冬月无东风，诸葛亮乃登台祭风，果然教东风劲吹大旗飘摆。晋朝的束皙精神贯注，祷告上天，能够有三日甘霖；后汉的张楷法道无边，能够作五里云雾。孔子出游，路遇两个儿童就太阳引起争辩，一个说太阳同盘一样圆，一个说日光同汤一样热，连孔子都不能作最后的断决；蜀国有个秦宓，是善辩的士人，他和吴国的使者论天说道，争论异常激烈，面对吴使的提问，他说，根据《诗经·皇矣》："乃眷西顾"一句来说，天是有头的；根据《诗经·白华》："天步艰难"一句来说，天是有脚的。月亮靠近毕星，这便是将要下雨的征兆，孛星走到辰宿星座里面，就预示着火灾将要发生。

地　舆

新增文十联

【原文】

黄帝画野，始分都邑；夏禹治水，初奠山川。宇宙之江山不改，古今之称谓各殊。北京原属幽燕，金台是其异号；南京原为建业，金陵又是别名。浙江是武林之区，原为越国；江西是豫章之地，又曰吴皋。福建省属闽中，湖广地名三楚。东鲁西鲁，即山东山西之分；东粤西粤，乃广东广西之域。河南在华夏之中，故曰中州；陕西即长安之地，原为秦境。四川为西蜀，云南为古滇。贵州省近蛮方，自古名为黔地。

【译文】

自从轩辕黄帝划分疆域，什么叫王都，什么叫城邑，才区分开来；夏朝禹王平治水土，高的叫山，大的叫川，才奠定下来。天地间的江河山脉从来不曾更改，然而古往今来各个地方的名号却各有不同。北京原是幽州或燕国的属地，金台是它的不同称号；南京原来是三国吴的都城，叫做建业，金陵又是它的别名。浙江是武林的区域，原属春秋时的越国；江西是豫章郡的地方，又叫做吴皋。福建省属于闽中，湖广地方本名三楚。东鲁西鲁，就是山东山西；东粤西粤，乃是广东广西的区域。河南在中国的中央，所以叫中州，陕西就是长安地方，原是秦国的境界。四川是西蜀领地，云南为古滇国属地。贵州省与南蛮地方接近，自古以来，简称为黔。

【原文】

东岳泰山，西岳华山，南岳衡山，北岳恒山，中岳嵩山，此为天下之五岳。饶州之鄱阳，岳州之青草，润州之丹阳，鄂州之洞庭，苏州之太湖，此为天下之五湖。金城汤池，谓城池之巩固；砺山带河，乃封建之誓盟。帝都曰京师，故乡曰梓里。蓬莱弱水，惟飞仙可渡；方壶员峤，乃仙子所居。沧海桑田，谓世事之多变；河清海晏，兆天下之升平。水神曰冯夷，又曰阳侯；火神曰祝融，又曰回禄。海神曰海若，海眼曰尾闾。望人包容，曰海涵；谢人恩泽，曰河润。无系累者，曰江湖散人；负豪气者，曰湖海之士。

【译文】

东岳是泰山，西岳是华山，南岳是衡山，北岳是恒山，中岳是嵩山，这是天下著名的五大高山。饶州的鄱阳湖，岳州的青草湖，润州的丹阳湖，鄂州的洞庭湖，苏州的太湖，这是天下著名的五大淡水湖。城如金坚，池如汤热，是说城墙和护城河的坚固，不可摧破；山如砺石，与天共存，河如长带，万古流长，这是帝王分封功臣时的盟誓之词。皇帝的都城，叫做京师，人们的家乡，叫做梓里。屹立于海中的蓬莱山，无力负芥的弱水，惟有能够飞行的神仙，方能跨渡而过；方壶、员峤，乃是仙人居住的山名。沧海变桑田，比喻世事变化很大；黄河清同东海安，是预兆天下的太平。掌水的神叫做冯夷，又叫阳侯；掌火的神，叫做祝融，又叫回禄。掌海的神，叫做海若，至于海眼，是海下泄水的石孔，是传说中海水归宿之处，叫做尾闾。望人包容，说希望海涵；谢人恩泽，说受到黄河之水的滋润。没有拖累的人，是江湖闲散之人；负有豪气的人，叫做湖海之士。

【原文】

问舍求田，原无大志；掀天揭地，方是奇才。凭空起事，谓之平地风波；独立不移，谓之中流砥柱。黑子弹丸，漫言至小之邑；咽喉右臂，皆言要害之区。独立难持，曰一木焉能支大厦；英雄自恃，曰丸泥亦可封函关。事先败而后成，曰失之东隅，收之桑榆；事将成而终止，曰为山九仞，功亏一篑。以蠡测海，喻人之见小；精卫衔石，比人之徒劳。跋涉谓行路艰难，康庄谓道路平坦。硗地曰不毛之地，美田曰膏腴之田。得物无所用,曰如获石田;为学已大成,曰诞登道岸。淄渑之滋味可辨,泾渭之清浊当分。

【译文】

探问安居之宅,求取肥美田地,这等人原来没有大的志向;有把天掀翻、把地举起这样气概的人,才算得上天下奇才。没有根由地兴起事端,就说是平地上忽然掀起了风浪;屹立天地之间决不移动,叫做中流砥柱。黑子和弹丸,都是夸张地比喻地方或城邑很小微不足道;咽喉同右臂,都是代表地位重要的兵家必争之地。势单力孤难以撑持,就说一根木柱,怎能够支撑起高楼大厦呢?英雄仗着自己的本领夸口,就说用一粒丸泥,也可把函谷关封闭起来。做事先失败而后成功,便说是在东边日出的地方受损失,却在西方日落的地方得到补偿。做事将要成功而忽然停止,便说造山已经有九仞高了,只差一筐土,却功败垂成。用葫芦瓢测量海水,比喻人的识见浅小,不能了解高深;精卫鸟衔石填大海,是比方人做事徒劳无功。跋山涉水,是形容行路的艰险困难,康庄大道,是说道路宽阔平坦。贫瘠的土地,便说是寸草不生的不毛之地;美好的田地,便说是脂膏肥沃之田。得了物品没有用处,就说如同得到石田一样;做学问已经大有成就,便是登到道德的岸边。淄水渑水的滋味,齐国有个易牙,能辨别出来;泾水清渭水浊,当它们合流的时候,居然还清浊分明。

【原文】

泌水乐饥,隐居不仕;东山高卧,谢职求安。圣人出则黄河清,太守廉则越石见。美俗曰仁里,恶俗曰互乡。里名胜母,曾子不入;邑号朝歌,墨翟回车。击壤而歌,尧帝黎民之自得;让畔而耕,文王百姓之相推。费长房有缩地之方,秦始皇有鞭石之法。尧有九年之水患,汤有七年之旱灾。商鞅不仁而阡陌开,夏桀无道而伊洛竭。道不拾遗,由在上有善政;海不扬波,知中国有圣人。

【译文】

《诗经》说"泌水洋洋,可以乐饥"。是说泌水可以治疗饥饿,这是隐居在家，不愿做官的意思；东山清静，可以酣卧，是说辞去官职，求得一身轻松安逸。圣人出世，那黄河里的浊水，自然变得清澈；太守果真廉洁，那云雾里的越石，便可显现。风俗淳厚的里巷，叫做仁里；风俗恶劣的地方，叫做互乡。名叫胜母的乡里，孝敬父母的曾子不肯进去；名叫朝歌的县邑，主张"非乐"的墨子虽行车近前，还是掉转了车头。老人敲打着土地引吭歌唱，这是尧帝治下百姓怡然自得的情形；耕田人互让地畔，行路人互相让路，这是周文王做西伯的时候，感化百姓，互相推让的情形。费长房向壶公学习缩地的方术，想到什么地方去，缩之即在目前；秦始皇欲渡海观日出处，有神人鞭石作桥，让其渡海。尧的时候，有九年洪水的患害；汤的时候，有七年干旱的灾荒。商鞅不仁厚，把古来的井田制废去，开辟出阡陌来征收赋税；夏桀暴虐无道，伊水洛水为民不平而同时枯竭了。路上遗物不拾，是由于在上的人，有良善治理政事的方法；海水里波浪不扬，便知道中国有圣人了。

【新增文】

神州曰赤县，边地曰穹庐。白鹭洲，二水中分吴壮丽；金牛路，五丁凿破蜀空虚。瀑布岭头悬，苍碧空中垂白练；君山湖内翠，水晶盘里拥青螺。浩荡吴江，险称天堑；嵯峨秦岭，高谓坤维。雪浪涌鞋山，洗清步武；彩云笼笔岫，绚出文章。金谷园中，花卉俱备；平泉庄上，木石皆奇。滩之凶，无如虎臂；路之险，莫若羊肠。烟树晴岚，潇湘可纪；武乡文里，汉郡堪夸。七里滩是严光乐地，九折坂乃王阳畏途。将军征战之场，雁门紫塞；仙子遨游之境，玄圃阆风。

【译文】

神州又叫做赤县，是中国的别称，边塞之地游牧民族的帷帐，就成为地方的代称。李白诗云："三山半落青天外，二水中分白鹭洲。"白鹭洲把南京西南的长江分割成了两条水，这就使吴地更加雄伟壮丽；秦惠王欲吞蜀，诡言五石牛能便金，想要献给蜀国却苦于无路，蜀使五个力士开路，破除了蜀国的屏障，秦得伐蜀，故有咏史诗云："五丁不凿金牛路，秦惠何由得并吞。""日照香炉生紫烟，遥看瀑布挂前川。飞流直下三千尺，疑是银河落九天。"这是李白诗对庐山瀑布的礼赞，说瀑布好像是银河从苍碧的空中垂下来的白练;"湖光秋色两相和,潭面无风镜未磨。遥望洞庭山水翠,白银盘里拥青螺。"这是刘禹锡对洞庭湖的赞美,说洞庭湖水的碧绿清澈,好像水晶盘剔透晶莹,湖中的君山,好像堆拥在盘中的青色螺蛳。浩荡的吴地长江非常险要,被称为天然的堑坑;嵯峨的秦岭十分高峻,被称为维系大地的巨绳。宋人咏鞋山的诗云:"飞琼乘醉出天阊,坠下弓鞋千古存。若使当年添一只,雪花浪里浴双鸳。"这是说雪浪飞涌起来,便可洗清脚步了;宋人咏笔山的诗云:"紫雾凝成应濡墨,彩云笼处便生花。一天星斗晴光岫,绚出文章自一家。"这是说笼罩在笔山上的彩云绚烂好看,仿佛巨笔写出的华丽文章。

晋朝石崇的金谷园中,各种名贵花卉都很齐全;唐朝李德裕的平泉庄里,花石都非常奇特。水滩最为凶险的,没有赛过虎臂滩的;道路最为险恶的,没有胜过羊肠坂的。山市晴岚、渔村落照、江天暮雪、烟寺晚钟、平沙落雁、远浦归帆、潇湘夜雨、洞庭秋月这潇湘八景,是最可记述的风光;武乡和文里,是汉中人范伯年对南朝宋明帝夸耀的故里。

七里滩,在浙江,是汉朝严光隐居垂钓的地方;九折坂在四川,汉朝益州刺史王阳上任时,路过此处,见其危险,怕出意外,竟托病辞官。雁门关、古长城(紫塞)是将军征战的场所;昆仑山上的玄圃和阆风岭,是仙人游玩的地方。

岁　时

新增文十联

【原文】

爆竹一声除旧，桃符万户更新。履端，是初一元旦，人日，是初七灵辰。元日献君以椒花颂，为祝遐龄；元日饮人以屠苏酒，可除疠疫。新岁曰王春，去年曰客岁。火树银花合，谓元宵灯火之辉煌；星桥铁锁开，谓元夕金吾之不禁。

【译文】

爆竹一声脆响去除了旧岁；千家万户便换上新的画有门神的桃木板。履端是大年初一元旦，人日是正月初七这一天。元日要奉献给君王一篇椒花颂，为的是祷祝他长寿；大年初一请人饮屠苏酒，据说这样可以扫除疫病。新岁是尊王历的春天，去年是过去的一年。华灯装饰在树上，如同火树开放出煌煌的银花，四面交相辉映，这是指元宵节灯光的辉煌壮观；桥上的灯火，好像繁星点点，似银河飘落人间，栅门上的铁锁彻夜开放，就是掌管夜行的金吾卫，对观彩灯的人们也不加禁止。

【原文】

二月朔为中和节，三月三为上巳辰。冬至百六是清明。立春五戊为春社。寒食节是清明前一日，初伏日是夏至第三庚。四月乃是麦秋，端午却为蒲节。六月六日，节名天贶；五月五日，序号天中。端阳竞渡，吊屈原之溺水；重九登高，效桓景之避灾。五戊鸡豚宴社，处处饮治聋之酒；七夕牛女渡河，家家穿乞巧之针。中秋月朗，明皇亲游于月殿；九日风高，孟嘉帽落于龙山。秦人岁终祭神曰腊，故至今以十二月为腊；始皇当年御讳曰政，故至今读正月为征。

【译文】

二月初一为中和的节气,三月初三为上巳的时辰。冬至过一百零六日,便是清明;立春过五个戊日,就是春社日。寒食节,是在清明的前一天,初伏日,是夏至后第三个庚日。四月里乃是麦熟的季节。端午这一日,是饮蒲酒的节气。六月初六,名叫天贶节;五月初五,号称天中节。端阳节,龙舟竞渡,这是对屈原沉溺汨罗江的悼念;九月九日登高,这是效法桓景避免灾难的做法。春社日人们杀鸡宰猪尽情饮宴,到处都在喝据说能医治耳聋的酒;七夕夜,牛郎织女渡天河相会,家家穿针为戏,都为要乞求女工灵巧。中秋之夜,月光明朗,唐明皇曾借助罗公远的道术,亲自到月宫里去游玩;重九日风势高强,晋朝的孟嘉从桓温游龙山,连帽子都吹落下来。秦国的人在一年终结的时候都要祭神,叫做腊,所以到现在十二月都称为腊;秦始皇的名字叫嬴政,为避他的讳所以到现在正月的正字读为征。

【原文】

东方之神曰太皞,乘震而司春,甲乙属木,木则旺于春,其色青,故春帝曰青帝。南方之神曰祝融,居离而司夏,丙丁属火,火则旺于夏,其色赤,故夏帝曰赤帝。西方之神曰蓐收,当兑而司秋,庚辛属金,金则旺于秋,其色白,故秋帝曰白帝。北方之神曰玄冥,乘坎而司冬,壬癸属水,水则旺于冬,其色黑,故冬帝曰黑帝。中央戊己属土,其色黄,故中央帝曰黄帝。夏至一阴生,是以天时渐短;冬至一阳生,是以日晷初长。冬至到而葭灰飞,立秋至而梧叶落。上弦谓月圆其半,系初八、九;下弦谓月缺其半,系廿二、三。月光都尽谓之晦,三十日之名;月光复苏谓之朔,初一日之号;月与日对谓之望,十五日之称。初一是死魄,初二旁死魄,初三哉生明,十六始生魄。

【译文】

东方的神叫太皞,与八卦中震卦对应,主管春天气候,与它相应的天干甲乙是属木的,树木春天最兴旺,颜色是青的,所以春帝也叫青帝。南方的神叫祝融,居于离卦地位,职司夏天,所对应的丙丁是属火的，火气夏天最旺盛，颜色是红的，所以夏帝叫赤帝。西方的神叫蓐收，正当兑卦地位，职司秋天，所对应的庚辛是属金的，金气最兴旺于秋，颜色是白的，所以秋帝叫白帝。北方的神叫玄冥，对应于坎卦的地位，职司冬天，所对应的天干壬癸属水，水气最兴旺于冬天，颜色是黑的，所以冬帝叫黑帝。中央地界对应的天干是戊己隶属土气的，土气是黄的颜色，所以中央帝叫黄帝。夏至是阳气鼎盛而阴气开始的时候，太阳到达最北位置而开始南移，所以白昼逐渐变短；冬至是阳气始生的时候，太阳距北极最远而开始移近，所以白天开始加长了。冬至来到的时候，用葭草烧灰，加六律管于其上，葭灰自然飞腾起来；立秋节气一到，那金井旁边的梧桐叶子，便落下一片来报秋了。上弦的月形为❭，好比月亮圆了一半，这是每月的初八和初九日；下弦的月形，是圆月缺了一半，呈❬形，这是每月廿二和廿三日。月亮光都隐退了，叫做晦，这是对每月三十日的称呼。月亮光重新出现，叫做朔，这是每月初一日的名号。月亮同太阳相对，叫做望，这是每月十五日的称呼。初一那天月光微乎其微叫做死魄，初二日稍亮一些叫旁死魄，初三才开始产生光明，十六日月光皎洁明亮，叫做生魄。

【原文】

翌日、诘朝，言皆明日；谷旦、吉旦，悉是良辰。片晌即谓片时，日曛乃云日暮。畴昔曩者，俱前日之谓；黎明昧爽，皆将曙之时。月有三浣：初旬十日为上浣，中旬十日为中浣，下旬十日为下浣；学足三余：夜者日之余，冬者岁之余，雨者晴之余。以术愚人，曰朝三暮四；为学求益，曰日就月将。焚膏继晷，日夜辛勤；俾昼作夜，晨昏颠倒。自愧无成，曰虚延岁月；与人共语，曰少叙寒暄。可憎者，人情冷暖；可厌者，世态炎凉。周末无寒年，因东周之懦弱；秦亡无燠岁，由嬴氏之凶残。泰阶星平曰泰平，时序调和曰玉烛。岁歉曰饥馑之岁，年富曰大有之年。唐德宗之饥年，醉人为瑞；梁惠王之凶岁，野莩堪怜。丰年玉，荒年谷，言人品之可珍；薪如桂，食如玉，言薪米之腾贵。春祈秋报，农夫之常规；夜寐夙兴，吾人之勤事。韶华不再，吾辈须当惜阴；日月其除，志士正宜待旦。

【译文】

　　翌日与诘朝，都是说的明天；谷旦同吉旦，都是良好的时辰。片晌，就是片刻的意思，落日余曛，这是说日光将暮。畴昔和曩者，都是前些日子的称谓；黎明和昧爽，都是曙光将升起的时候。按唐代官制，一个月里每十天有一次休息沐浴时间，以后便称十天为一浣，每月上旬就叫做上浣，中旬就叫做中浣，下旬就叫做下浣。学问补足，全靠着三项剩余的时间：夜晚是白天的剩余，冬天是一年的剩余，阴雨天是晴天的剩余，这是魏朝董遇所说的话。耍手腕愚弄他人，如同狙公喂狙，无论朝三暮四或朝四暮三，实质都不变，只是通过改换名目的手法，使人上当受骗罢了；做学问求取益处，这就要每日能有所成就，每月有所进步。点燃膏油来延长学习时间，这是读书人夜以继日地勤奋学习；《诗经》上有两句："式呼式呼，俾昼作夜。"这是说把白昼当作夜间，清晨和夜晚弄得颠倒了。自己惭愧一事无成，便说是白白地度过岁月；同人谈话，便称作简单说说此前冷暖。最可憎是人的情义随着对方地位的变化而表现出冷淡或亲热，如白居易《迁叟诗》所云："冷暖俗情谙世路，是非闲论任交亲"；最可鄙的是那奉承富贵，疏远贫贱的世俗态度，如廉颇为赵将，宾客尽至，及其免归，宾客尽去，后复为将，宾客又至。

　　周朝的末年，没有寒冷的冬月，因为东周王室失之于柔弱；秦朝败亡的时候，没有炎热的夏天，因为秦王凶暴残忍。三台的六个星符，上阶代表天子，中阶为诸侯、卿大夫，下阶为士庶人。一般情况下六星两两并排呈斜向上分布，所以叫泰阶，六星平则天下太平。钟山之神名叫烛龙，身长千里，睁眼为昼，闭眼为夜，吸气为冬，呼气为夏，天阙西北无阴阳消息，故以龙衔玉烛照天门。世治则烛火明，世乱则烛火暗。所以把四季气候温和、风调雨顺的太平盛世叫做玉烛。

　　庄稼歉收，便说是饥馑的年月，庄稼丰收，便说是大有储备的一年。唐德宗遇到饥荒的年月，黎民百姓饥饿难忍，忽见路有醉人酣卧，知道有粮可以酿酒，便以为是祥瑞的征兆；梁惠王遇到凶恶的年岁，荒郊野外有许多饿死的人，实在是可怜无比。

　　丰年玉，比喻太平盛世的人材，荒年谷，比喻切实办事能解决问题的人材，两者都是形容人品的珍贵难得；柴价贵如桂枝，米价贵如珍珠，是说柴米腾贵到了极点。古人春耕时，祈谷于上帝，秋后五谷丰登，就要用丰厚的祭品来报答神功，这是农人世代相沿的规矩；夜很深才睡下，天不亮就起床，这是吾辈人的勤奋耐劳。韶美的年华不会再来，我们应当珍惜寸金难买的每寸光阴；日月是容易流逝的，有志之士，应该坐着等待天明，随时准备行动。

【新增文】

寒暑代迁，居诸迭运。九秋授御寒之服，自古已然；三月上踏青之鞋，于今不改。双柑斗酒，雅称春游；对影三人，仅堪夜饮。五月孤军渡泸水，蜀丞相何等忠勤；上元三鼓夺昆仑，狄将军更多妙算。二月扑蝶之会，洵可乐焉；元正磔鸡之朝，必有取尔。

【译文】

寒来暑往，节气更相替换，日居月诸，岁月总是飞驰流逝。深秋九月里发放御寒的服装，为的是抵御寒冷的侵袭，自古以来便如此了；三月里穿上踏青的鞋，为的是踏青春游，这雅兴至今还未改变。手携双柑斗酒，外出春游，乘东风，逐柳絮，去听黄鹂婉转的鸣叫，实在是抛弃烦恼、回归自然的幽雅之游。李白诗中描写的"举杯邀明月，对影成三人"，这仅仅适合黑夜里自斟自饮的情形。五月热天，以孤军渡过泸水，蜀汉丞相是何等的忠贞与勤劳；上元夜三鼓时分，以奇兵夺取昆仑关，狄青将军更是有着过人的神机妙算。长安二月间，士女聚在一起，扑蝶为戏，名曰扑蝶会，那的确是令人欢乐的时刻；正月初一日，宰羊挂在门前，又杀鸡以副之，有人问伏滔（晋朝人，桓温的参军，有才学）这是何意？伏滔说："正月土气上升，草木萌动，羊啮百草，鸡啄五谷，故杀之以助生气耳。"

【原文】

吴质浮瓜避暑，陂塘九夏为秋；葛仙吐火驱寒，户牖三冬亦暖。豪吟释子，夜敲咏月之钟；胜赏君王，春击催花之鼓。清秋汾水，歌传汉武之词；上巳兰亭，事记右军之序。人日卧含章檐下，寿阳试学梅妆；中秋过牛渚矶头，谢尚细吹竹笛。寇公春色诗，真可喜也；欧子秋声赋，何其凄然。

【译文】

　　三国魏的吴质与宾朋避暑,浮甘瓜于清泉,沉朱李于寒水,那水陂池塘地方,就是三伏天,也有飒飒的秋气;晋朝的葛神仙,口里能够吐出火来,尽管是三九隆冬时节,居室里也觉得温暖如春。僧人如满,对月吟诗,十分得意,兴之所至,夜半敲起钟来;唐明皇欲赏名花,命高力士临轩击鼓,奏一曲《春光好》催促花开,曲终回顾柳杏,果然绽开花蕾。汉武帝在汾水游玩,正值清秋,便作了"秋风起兮白云飞,草木黄落兮雁南归"的《秋风辞》,流传千载。

　　永和九年三月三日,王羲之与诸名士雅集会稽山阴之兰亭,为流觞曲水之乐,作《兰亭序》,这是永垂不朽的佳篇。正月初七这一天,寿阳公主卧在含章殿檐下,梅花落在额上,显得十分美丽,后来宫中的嫔娥,便学习这梅花妆了;中秋明月夜,谢尚船过牛渚矶边,恰逢袁宏在舟歌咏,谢尚高兴地细声吹起竹笛相答和。

　　寇莱公的《江南春》词:"波渺渺,柳依依,孤村芳草合,斜日杏花飞。轻烟淡霭青山外,却有人家悬酒旗。"寇公笔下的春色妩媚动人,表现了他内心的喜悦;欧阳修作《秋声赋》:"秋之为状也,其色惨淡,烟霏云敛;其容清明,天高日晶;其气栗冽,砭人肌骨;其意萧条,山川寂寥。"欧公笔下的秋夜悲凉孤寂,这让人多么凄然忧伤。

朝　廷

新增文十联

【原文】

三皇为皇，五帝为帝。以德行仁者王，以力假人者霸。天子天下之主，诸侯一国之君。官天下，乃以位让贤，家天下，是以位传子。陛下，尊称天子；殿下，尊重宗藩。皇帝即位曰龙飞，人臣觐君曰虎拜。皇帝之言，谓之纶音；皇后之命，乃称懿旨。椒房是皇后所居，枫宸乃人君所莅。

【译文】

古来天皇、地皇、人皇称为三皇，黄帝、颛顼、帝喾、尧、舜称为五帝。能用仁义道德教化人民以统治天下，这叫做王道，用武力施加于人民和诸侯，这是霸道。天子，是天下的主宰，诸侯，是一国的君主。

五帝时代的官天下，是帝王将帝位推让给贤才，夏、商、周的家天下，是帝王将帝位传给自家子孙。陛下，是尊敬天子的称呼；殿下，是尊称天子的同宗藩王。

皇帝承即帝位，便说是龙飞，人臣觐见君王，要说是虎拜。皇帝的言语初出微细如丝，及其出行于外，言更渐大如纶，所以皇上的话，叫做纶音；皇后传出来的命令，被认为是仁厚美好的旨意，所以称为懿旨。皇后所居住的房屋都用兰草桂椒熏涂过，称为椒房，取其温、香、多子之义，枫树环绕的殿庭，是人君所莅临的地方。

【原文】

天子尊崇，故称元首；臣邻辅翼，故曰股肱。龙之种，麟之角，俱誉宗藩；君之储，国之贰，皆称太子。帝子爱立青宫，帝印乃是玉玺。宗室之派，演于天潢；帝胄之谱，名为玉牒。前星耀彩，共祝太子以千秋；嵩岳效灵，三呼天子以万岁。

【译文】

天子地位崇高，是天下人的首领，所以叫做元首；臣下是辅佐翼赞天子的，如同手足，所以又叫做股肱。龙种和麟角，都是用来敬称同宗的藩臣；君位的继承者、国家的副职，都是太子的名称。

东明山有宫，青石为墙，门有银榜，曰"天地长男之宫"，太子所立，所以叫做青宫。三代以前帝王无玺印，秦始皇得蓝田玉，李斯篆文曰："受命于天，既寿永昌"，所以帝印叫做玉玺。

宗室的支派推演下来，同天上银河一样尊贵；帝王家族宗亲的谱系，是用玉刻的版册，所以名为玉牒。《天文志》上载"前星为太子星"，前星闪耀光彩，说的是唐明皇做太子的时候，生辰正在八月五日，宴请百官于花萼楼，张说等上表奏请该日为千秋令节，布告天下，大事设宴庆祝；中岳嵩山，报效灵感，这是汉武帝登嵩山时，曾听到山岳之间高呼万岁的声音。

【原文】

神器大宝，皆言帝位；妃嫔媵嫱，总是宫娥。姜后脱簪而待罪，世称哲后；马后练服以鸣俭，共仰贤妃。唐放勋德配昊天，遂动华封之三祝；汉太子恩覃少海，乃兴乐府之四歌。

【译文】

神器同大宝，都是指皇帝的高位；妃嫔和媵嫱，都是指皇宫里的娇娥。姜后因周宣王好色，曾脱下自己的簪珥，待罪于永巷，让人对宣王说："妾不才，致君乐色而忘德，失礼而晏起，其罪在妾。"周宣王面带愧色说："寡人失德，非夫人罪。"遂勤于政事，世人都称赞姜后是明哲的皇后；汉明帝明德马皇后，是马援的女儿，素有俭德，她说："为天下母而身服大练（粗布衣服），食不求甘，欲率下也。"天下人都尊崇她是贤德的后妃。

唐尧帝号放勋，功德如同昊天广大无边，覆盖四方，结果当他巡游到华地时，封在此地的守吏献上三条祝告："愿圣人多福多寿多男子"；汉明帝做太子时，他对民众的恩泽像海水一样深厚，如《文选》所说：

"恩覃少海之波。"曾感动乐人，作乐府四章，贺太子之德，一曰日重光，二曰月重轮，三曰星重辉，四曰海重润。

【新增文】

德奉三无，功安九有。陈桥驿军兵欲变，独日重轮；春陵城圣哲挺生，一禾九穗。祥钟汉代，禁中卧柳生枝；瑞霭宋廷，榻下灵芝生叶。设鼓悬钟，千古仰夏王之乐善；释旄结袜，万年钦西伯之尊贤。信天命攸归，驰王骤帝；知人心爱戴，冠道履仁。

【译文】

最高的德性莫过于三项无私，即天无私覆，地无私载，日月无私照。最大的功绩是安定九州这广袤的地域。

陈桥驿，是宋太祖发迹的地方，军士要拥戴太祖，遂以黄袍加身，连天空的一轮红日竟然也出现两重光环；春陵城，是汉光武生养的地方，那圣哲初生的时候，一株禾苗，居然长出了九个稻穗。汉朝昭帝时候，上林有柳树倒卧在地，一天忽然立起并生枝叶，有虫子吃叶，叶上出现："公孙病已立"的字样，这是祥瑞聚集在汉宣帝身上的表现；宋朝仁宗皇帝的母亲，卧榻的下面生灵芝四十二叶，这是一个吉兆，后来生仁宗统治天下四十二年。

设立谏鼓悬挂金钟，这是夏禹王乐闻善言，千古以来，人人都景仰他；亲为贤人释旄结袜，这是周文王尊重贤才，万年之后也受人钦佩。真是天命所归，三王也要向他驰来，五帝也要向他骤集；知道人心都爱戴我，仿佛头上戴的都是道德，足下踩的都是仁义。

【原文】

帝尧用心，哀孺子又哀妇人；武王伐暴，廉货财还廉女色。六宫无丽服，玄宗罢织锦之坊；万姓有余粮，周祖建绘农之阁。仁宗味淡而撤蟹，晋武尚朴而焚裘。汉文除肉刑，仁昭法外；武王分宝玉，恩溢伦中。更知唐主颂成功，舞扬七德；且仰汉高颁令典，约法三章。

【译文】

尧帝关心人民,对小孩、对妇女都十分关怀和怜悯,这是根据《庄子·天道》的记载,舜问于尧曰:"天王之用心何如?"尧说:"我对顽民也要教诲,对于贫穷的庶民和苦死者,也要给予恩惠,还要嘉勉小孩子而同情妇女,这就是我的用心所在";周武王讨伐暴虐的商纣,既不贪图财货,也不贪图女色,这是根据《史记》的记载,武王克商,上堂见玉,曰:"此诸侯之玉",取而归之诸侯。天下闻之曰:"武王廉于财矣。"入室见女,曰:"此诸侯之女。"取而归之诸侯。天下闻之曰:"武王廉于色。"

六宫里没有华丽的服饰,这是由于唐玄宗开元初年,诏后妃以下,皆无得服珠玉锦绣,于是罢两京织锦之坊;万姓都有赢余的粮米,这是因为周世宗留心农事,曾经建造阁台并绘农夫蚕女像于阁中,诏散骑常侍艾颖等三十四人,分行诸郡,均定田租。

宋仁宗提倡节俭,主张口味淡泊,因新蟹价昂贵,所以撤掉不吃了;晋武帝崇尚俭朴,因程璩献雉头裘,遂命人焚烧于殿前,诏告天下不得献异服。汉文帝除去肉刑,使仁厚之心昭示于法律之外;周武王分宝玉于伯叔之国,使恩泽布施于五伦中间。更需知道唐太宗用秦王破阵乐曲,修改歌词,更名为七德之舞,颂扬禁暴、戢兵、保大、定功、安民、和众、丰材等七种功德;还要敬仰汉高祖颁布律令法典,立下三条章程:杀人的处死,伤人和盗窃他人财物的抵罪。

文 臣

新增文十三联

【原文】

帝王有出震向离之象，大臣有补天浴日之功。三公上应三台，郎官上应列宿。宰相位居台铉，吏部职掌铨衡。吏部天官大冢宰，户部地官大司徒。礼部春官大宗伯，兵部夏官大司马。刑部秋官大司寇，工部冬官大司空。

【译文】

"帝出乎震，相见乎离。"这是《易·说卦》所说的帝王的卦象。大臣辅佐君王的功劳卓著，好比缝补苍天，给太阳沐浴一样，这是《宋史》赵鼎赞美张浚的话。三公的位置，是应着天上的三台星象，郎官人多，也是对应天上排列的星宿。宰相的位置，如同星之台、鼎之铉，关系到君王之举措，是最为要紧的。吏部的职务，是掌管天下官吏的，对人材的任用，起着铨选和衡量的作用。称吏部尚书为大冢宰、曰天官，是说他能总御众官，好像天道统理万物。称户部尚书为地官大司徒，是说他能安抚万民，像大地生养万物。称礼部尚书为春官大宗伯，好似春生万物。称兵部尚书为夏官大司马，是寓意国家武力强盛，像炎炎夏日一般。刑部尚书称秋官大司寇，是天子立司寇掌刑法，驱耻恶，像秋天一样肃杀严刻。工部尚书称冬官大司空，是天子立司空使掌邦事，像冬天敛藏财物一样，使民不空乏，六部大略如此。

【原文】

都宪中丞，都御史之号；内翰学士，翰林院之称。天使，誉称行人；司成，尊称祭酒。称都堂曰大抚台；称巡按曰大柱史。方伯、藩侯，左右布政之号；宪台、廉宪，提刑按察之称。宗师称为大文衡，副使称为大宪副。郡侯、邦伯，知府名尊；郡丞、贰侯，同知誉美。郡宰、别驾，乃称通判；司理、廌史，赞美推官。刺史、州牧，乃知州之两号；廌史、台谏，即知县之尊称。乡宦曰乡绅，农官曰田畯。

【译文】

都宪同中丞，都是都御史的名号；内翰同学士，皆是翰林院官员的称呼。天使称誉为大行人；司成，尊称为祭酒。都堂，称为大抚台；巡按，称为大柱史。方伯同藩侯，是左右两布政使的称号；宪台同廉宪，是提刑按察使的称呼。宗师，被称为大文衡，副使，被称为大宪副。

郡侯同邦伯，这是知府的名号，颇为尊重；郡丞同贰侯，这是同知的称誉。郡宰同别驾，是称呼通判的；司理同廌史，是称赞褒美推官的。刺史同州牧，是知州的两个名号；廌史同台谏，是对知县的敬称。居乡的官宦，叫做乡绅；管农的官叫做田畯。

【原文】

钧座、台座，皆称仕宦；帐下、麾下，并美武官。秩官既分九品，命妇亦有七阶。一品曰夫人，二品亦夫人，三品曰淑人，四品曰恭人，五品曰宜人，六品曰安人，七品曰孺人。妇人受封曰金花诰，状元报捷曰紫泥封。唐玄宗以金瓯覆宰相之名，宋真宗以美珠钳谏臣之口。

【译文】

钧座同台座，皆是称呼仕宦的人；帐下同麾下，并是尊称武官的话。受皇家俸禄的各级命官，既然分别了九个品级；那么受诰命册封的妇人，也有七重等级。妇以夫贵，第一品叫夫人，第二品也叫夫人，第三品叫淑人，第四品叫恭人，第五品叫宜人，第六品叫安人，第七品叫孺人。妇人承受诰封时，用金花罗纸，上张锦彩书写诰命，所以叫做金花诰；唐代进士及第，以紫金泥封书报捷，所以叫做紫泥封。

唐玄宗要任命宰相，先用金瓯覆盖宰相的姓名，这是慎密的缘故；宋真宗因王旦要谏阻封禅，就赐他一坛美珠，堵住了他的口。

【原文】

金马玉堂,羡翰林之声价;朱幡皂盖,仰郡守之威仪。台辅曰紫阁名公,知府曰黄堂太守。府尹之禄两千石,太守之马五花骢。代天巡狩,赞称巡按;指日高升,预贺官僚。初到任曰下车,告致仕曰解组。藩垣屏翰,方伯犹古诸侯之国;墨绶铜章,令尹即古子男之邦。太监掌阉门之禁令,故曰阉宦,朝臣皆搢笏于绅间,故曰搢绅。

【译文】

金马同玉堂,是羡慕翰林院的声名和价值;朱幡同皂盖,是郡守出行时仪仗。三台的辅弼,叫做紫阁明公;知府的称呼,叫做黄堂太守。一府的长官,俸禄有两千石;太守四马加一左骖,便有五匹花骢了。代表天子出巡守土,这是赞美巡按的话;说加官晋爵指日可待,这是预先称贺官僚升迁的客套话。

初次到任,叫做下车;告老归去,叫做解组。《诗经》:"价人维藩,大师维垣,大邦维屏,大宗维翰。"藩垣同屏翰,原意为屏障,后人用以比喻镇守一方的长官,和古代诸侯国的长官——方伯一样;墨色的绶,铜铸的章,是县令所用的,县令管辖的也等于古时的子男小邦。太监职掌阉门出入的禁令,所以叫阉宦;凡朝中大臣都把牙笏插在腰间大带上而后乘马,所以叫做搢绅。

【原文】

萧曹相汉高,曾为刀笔吏;汲黯相汉武,真是社稷臣。召伯布文王之政,尝舍甘棠之下,后人思其遗爱,不忍伐其树;孔明有王佐之才,尝隐草庐之中,先主慕其令名,乃三顾其庐。鱼头参政,鲁宗道秉性骨鲠;伴食宰相,卢怀慎居位无能。王德用,人称黑王相公;赵清献,世号铁面御史。

【译文】

萧何和曹参,同相汉高祖,从前在沛县,曾做过刀笔吏;汲黯相汉武帝,武帝说他真是安定社稷之臣。周朝的召公,展布文王的政治,曾经休憩在甘棠树下,后来人思念他的遗爱,便不忍心砍伐这棵甘棠树了，诸葛孔明有王佐的才略，尝在草庐里隐居，蜀先主刘备仰慕他的高名，曾三次下顾他的草庐。宋鲁宗道为参政，刚正不阿，遇事敢言，当时的贵戚权臣没有不怕他的，人称鱼头参政；卢怀慎为人清俭，与姚崇同相玄宗，自认为才不及姚崇，每事推让，不敢自专，被当时人称做伴食宰相。宋朝的王德用对军中情况了如指掌，用恩惠安抚部下，虽不曾亲自攻战却名闻四方，就连妇人女子都叫他黑面相公；宋朝的赵清献，宋神宗时为殿中侍御史，弹劾不避权贵，声震京师，人称铁面御史，称颂他的正直无私。

【原文】

汉刘宽责民，蒲鞭示辱；项仲山洁己，饮马投钱。李善感直言不讳，竞称鸣凤朝阳；汉张纲弹劾无私，直斥豺狼当道。民爱邓侯之政，挽之不留；人言谢令之贪，推之不去。廉范守蜀郡，民歌五袴；张堪守渔阳，麦穗两歧。鲁恭为中牟令，桑下有驯雉之异；郭伋为并州守，儿童有竹马之迎。鲜于子骏，宁非一路福星；司马温公，真是万家生佛。鸾凤不栖枳棘，羡仇香之为主簿；河阳遍种桃花，乃潘岳之为县官。刘昆宰江陵，昔日反风灭火；龚遂守渤海，令民卖刀买牛。此皆德政可歌，是以令名攸著。

【译文】

刘宽为南阳太守，历典三郡，为人温厚宽恕，吏民有了过错，只用蒲草做的鞭子象征性责罚一番，使其意识到所受屈辱便罢；安陵人项仲山，洁身自好不贪占便宜，每次在渭水中饮马必投钱三文。李善感为监察御史，唐皇欲封五岳，善直言力谏，不怕忌讳，天下谓之鸣凤朝阳；汉代张纲为御史，弹劾不法，公正无私，他申斥当时的奸臣说："豺狼当道，安问狐狸。"

晋邓攸为吴郡太守，为人清廉，离郡之日，百姓抓住船帮不让走，最后借着天黑才得脱身。前任谢令却搞得民怨沸腾，吴人歌谣唱道："纨如（鼓声）打五鼓，鸡鸣天欲曙。邓侯挽不留，谢令推不去。"廉范为蜀郡太守，那里历来禁止百姓夜间劳作，以防火灾，他毅然废除这一陋规，严格命令人们储水防火。百姓歌颂说："廉叔度，来何暮，不禁火，民安作，昔无襦，今五袴。"张堪为渔阳太守，开稻田八十余顷，劝民大兴农桑，民歌曰："桑无附枝，麦穗两歧。"鲁恭做中牟县令的时候，桑树下面有雉鸡驯伏，这是仁政的象征；郭伋做并州太守，两次到并州，那一班儿童曾骑竹马去迎接他。鲜于子骏做转运使，司马光说让他去赈救齐鲁等地，岂不是一路的福星；司马温公做相国，德惠遍施于人，恩泽遍及万家，都称他是大慈大悲的活佛。鸾凤哪能栖止在枳棘之上，县令王焕曾这样比说仇香低就主簿之位；河阳县遍种桃花，春风袭来，花香四溢，人称河阳县是花县，这是对潘岳做县令时处处为公益事业着想的赞美。

刘昆做江陵县宰时，遇有火灾，即向火叩头，便能反转风力，熄灭了火势；龚遂做渤海太守时，不主张捕捉盗贼，盗贼都被他的仁德所感化，卖去刀剑，买进牛犊，从事耕种。以上这些人，都有仁德的政绩，是值得歌颂的，所以美好的声名，都传扬不衰。

【新增文】

太守称为紫马，邑宰地号雷封。槐位棘垣，三公及孤卿异秩；棱官紧职，拾遗与御史别称。给事谓之夕郎，黄门批敕；翰林名为仙掖，紫禁宣麻。饱卿睡卿，名号自别；铨部祠部，政事攸分。

【译文】

晋朝谢灵运做永嘉太守，尝骑紫马出行，所以后人称太守叫做紫马，古时县境辖地只有百里，雷声滚过恰好也声闻百里，所以县官所管辖的地方叫雷封。三槐的位置，九棘的垣墉，三公三孤九卿，官秩都是异等的。棱官、紧官，是拾遗和御史另外的称呼。给事官，叫做夕郎曹，是在黄门中批答敕书的；翰林清要，名为仙掖，是在紫禁城里，用麻纸宣布将相任免的。饱卿就是光禄卿，睡卿就是鸿胪卿，名号自然是有区别的；铨部，是铨选人才部，也就是吏部；祠部，是祭祠典礼部，就是礼部，这些是因所职掌的政事不同而分别的。

【原文】

俗美化醇，尹翁归去思蜀郡；名高望重，汲长孺卧治淮阳。张魏公作冲天羽翼，李长吉为瑞世琼瑶。士仰直声，汉世喜多二鲍；民歌善政，江东闻有三岑。棠棣理政多能，刘氏弟兄守南郡；乔梓治县有谱，傅家父子宰山阴。

【译文】
　　风俗美好了，教化淳厚了，尹翁归治蜀郡，人民安居乐业，丰衣足食，当他谢任离职时，蜀人都思念不忘；汲黯原为东海郡太守，政绩卓著，名高望重，汉武帝将拜黯为淮阳太守，黯力辞不受，武帝说："你这样小看淮阳，我是想借君之重，卧而治之。"张魏公拜礼部侍郎，皇上嘉勉他说："朕将有为，正欲一飞冲天，而无羽翼，卿为留意，朕当专任用"；唐代李长吉（李贺）做承旨的官，韩愈称赞他的文才惊世骇俗，不愧是"盛世的琼瑶"。士人钦仰正直的声名，在汉朝的时候，谈论最多的是鲍永鲍恢；人民歌颂善政，在江东一带常常听到说岑义、岑仲翔、岑仲休的美名。兄弟二人勤理政事，爱民如子，以刘之遴、刘之亨兄弟俩先后镇守南郡的事迹最为典型；父子二人治理一县政绩卓著，傅增佑、傅琰父子相继做山阴宰官的事实堪称楷模。

【原文】
　　政简刑清，姜谟号太平官府；身修行洁，裴侠称独立使君。袁尚书学问深宏，不愧魏朝杜预；寇丞相事功彪炳，真为宋代谢安。熙宁三舍人，乃一朝硕彦；庆历四谏士，实千古良臣。宰相必用读书人，舍窦可象谁当鼎轴；状元曾为瞌睡汉，惟吕文穆乃占魁名。谁云公种生公，或谓相门有相。

【译文】
　　姜谟任秦州刺史时，政简刑清，吏民称他是太平官府；裴侠做河北太守，入朝面君，北周太祖命他一个人站出来说："裴侠清慎奉公，为天下最，有如侠者，与之俱立。"众人默然，当时号为独立使君。袁尚书的学问博大精深，不愧是北魏的杜预；寇丞相的功劳彪炳千秋，真是宋代的谢安。宋朝熙宁年间，宋敏求、苏仲、李天临谢绝任命，不停地犯颜上奏，结果一同丢官，世人称为熙宁三舍人，真是宋朝的硕德俊彦；宋仁宗朝时，余靖、欧阳修、王素、蔡襄共为谏官，皆称其职，时号庆历四谏士,实在是名垂千古的忠良之臣。"宰相须用读书人",这是宋太祖夸赞窦仪(字可象)的话,除去他,谁还能做鼎鼐的当轴;状元郎曾经是瞌睡汉,这是吕蒙正回想穷困时候的话,在殿试的时候,他居然荣登金榜的魁首。谁说只有王公门中才出公卿,谁还说只有相门高第才出宰相。

武 职

新增文十二联

【原文】

韩柳欧苏，固文人之最著；起翦颇牧，乃武将之多奇。范仲淹胸中具数万甲兵，楚项羽江东有八千子弟。孙膑吴起，将略堪夸；穰苴尉缭，兵机莫测。姜太公有六韬，黄石公有三略。韩信将兵，多多益善；毛遂讥众，碌碌无奇。

【译文】

韩愈、柳宗元、欧阳修、苏轼，固然是文人里最著名的；白起、王翦、廉颇、李牧，乃是武将里屡建奇功的。赵元昊寇延州，宋仁宗命范仲淹兼知延州，到任以后，整修军事，以逸待劳，夏人互相告诫说："小范老子胸中有数万甲兵，不比大范老子可欺也。"楚霸王项羽，四十四岁起兵，杀会稽守殷通，夺其印绶，收吴中子弟八千人，渡江向西挺进。孙膑和吴起，皆有大将的韬略，实在是可以夸耀的；穰苴和尉缭，都有用兵的机谋，令兵家无从推测。姜太公著有《六韬》，黄石公著有《三略》，这都是兵书里最重要的。韩信同汉高祖论用兵多少，他说："陛下可带兵十万，臣则越多越好"；毛遂自荐随平原君求救于楚，同行共二十人，皆文武全才。最终却只有毛遂以超人的机智和胆略迫使楚王就范。毛遂以手招十九人上殿曰："公等碌碌，所谓因人成事者也。"

【原文】

大将曰干城，武士曰武弁。都督称为大镇国，总兵称为大总戎。都阃即是都司，参戎即是参将，千户有户侯之仰，百户有百宰之称。以车为户曰辕门，显揭战功曰露布。下杀上谓之弑，上伐下谓之征。交锋为对垒，求和曰求成。战胜而回，谓之凯旋；战败而走，谓之奔北。为君泄恨，曰敌忾；为国救难，曰勤王。

【译文】

大将，是护国卫民的，所以称为干城；武士，是众兵的头目，所以叫做武弁。都督的称呼，叫大镇国，总兵的称呼，是大总戎。都阃，就是都司。参戎，就是参将。千户有户侯的雅望，百户有百宰的称呼。古时天子出行在外，用车子为藩蔽，仰起两乘车辕，面对面摆放代表门，所以叫辕门；后魏每次打仗取得胜利就把战功书写在战旗上，名叫露布。臣下杀戮君上叫做弑，天子国君讨伐臣子叫做征。两军兵锋交接，就叫做对垒。请求休战和好，就叫做求成；至于得胜回营，便唱起凯歌，所以叫做凯旋，若是失败逃走，叫做奔北。替君王发泄愤恨叫做敌忾，替国家拯救患难叫做勤王。

【原文】

胆破心寒，比敌人慑伏之状；风声鹤唳，惊士卒败北之魂。汉冯异当论功，独立大树下，不夸已绩；汉文帝尝劳军，亲幸细柳营，按辔徐行。苻坚自夸将广，投鞭可以断流；毛遂自荐才奇，处囊便当脱颖。

【译文】

宋朝韩稚圭同范仲淹收复西夏地方，守边将士有几句歌谣说："军中有一韩，闻之心胆寒。军中有一范，闻之惊破胆。"这是比喻敌人极度恐惧的状况；晋朝谢玄谢石攻破前秦苻坚，秦军大败。败军弃甲奔逃，听到刮风的声音和鹤的鸣叫，都以为是晋兵追来了，这是说溃军相扰，丧魂落魄。汉朝冯异是汉光武帝的偏将军，当诸将并坐摆功劳的时候，他一人独自立在大树下，不去夸耀自己的功绩；汉文帝到周亚夫细柳营中慰劳军士，遇着门卫说："将军有约，军中不得驰骤"，文帝只好收住马缰绳，徐步行走到军营里。前秦苻坚将举兵南伐，苻融向他进谏说："吴有长江之险，未可妄动"，苻坚不听他的话，自己夸口说："我有百万雄兵，投鞭于江，足可以截断江流"，后来竟被谢玄打败；毛遂因为赵国有难，要到楚国求救兵，自己向平原君举荐说："臣得处囊中，如锥处囊里，必将脱颖而出。"

【原文】

羞与哙等伍，韩信降作淮阴；无面见江东，项羽羞归故里。韩信受胯下之辱，张良有进履之谦。卫青为牧猪之奴，樊哙为屠狗之辈。求士莫求全，毋以二卵弃干城之将；用人如用木，毋以寸朽弃连抱之材。总之君子之身可大可小；丈夫之志，能屈能伸。自古英雄，难以枚举。欲详将略，须读武经。

【译文】

羞与樊哙为伍，这是韩信降封淮阴侯之后所说的话；无颜去见江东父老，这是项羽失败之后，羞于回归故里时的由衷之言。韩信在少年时候，曾受过从屠人的胯下爬出的羞辱；张良在下邳桥上看见一位老人坠下鞋来，拾起来给他穿上，这是何等的谦恭。卫青少时孤贫，做过放猪的奴隶；樊哙少时家也贫穷，做过屠狗的行当。求士莫要求全，不要因他吃过人家两个鸡蛋，就不用他为将；用人如同使用木材一样，不要因为有一寸之木朽坏了，便把整根合抱大树抛弃掉。总之一句话，君子的才能，可以小用，也可以大用；丈夫的志向，能够忍受委屈，也能够伸张。自古以来英雄很多，不能一个一个地举出来，如要详悉大将的谋略，须平日诵读七子的武经，即《六韬》、《三略》、《孙子》、《吴子》、《司马法》、《尉缭子》、《李卫公问对》。

【新增文】

书曰桓桓武士，诗云矫矫虎臣。黄骢少年，登先陷阵；白马长史，殿后摧锋。天子遣赵将军，真得御边之策；路人问霍去病，速收绝漠之勋。北敌势方强，娄师德八遇八克；南蛮心未服，诸葛亮七纵七擒。

【译文】

《尚书》说："尚桓桓，如虎如貔，如熊如罴。"这是赞美武士。《诗经》说："矫矫虎臣，在泮献馘。"这是赞美武将。唐朝的裴果少年时候勇冠诸军，常常骑着骢马，身穿青袍，一马当先冲锋陷阵，当时人称黄骠少年；汉朝的公孙瓒做辽东长史，好骑白马，行军时担任断后，能够摧折乌桓国的兵锋。汉天子遣赵充国去击西羌，问他用兵几何，他说眼见为实，愿驰骋到金城，亲自考察然后才能确定，这真是深得边防御敌的计策了。梁朝的曹景宗击破北魏军队凯旋的时候，有两句诗说："借问行路人，何如霍去病"，这是说他在沙漠边境，能够速收胜利功勋。唐朝时吐蕃势力非常强盛，惟有娄师德与其交锋，八战八胜；南方蛮主孟获，他不愿依附中原，被诸葛亮七次纵放又七次擒获，终于心悦诚服。

【原文】

卫将军一举而朔庭空，仗剑洗刘家日月；薛总管三箭而天山定，弯弓造李氏乾坤。韩信用木罂渡军，机谋叵测；田单以火牛击阵，势焰莫当。太史慈乃猿臂英雄，班定远实虎头豪杰。力能迈众，敬德避矟而复夺矟；胆略过人，张辽出阵而复入阵。狄天使可例云长，高敖曹堪比项籍。

【译文】

武帝用卫青为大将军征边，匈奴人远远逃走，故谓朔庭空，这是他手执宝剑，洗清那汉朝的日月；唐太宗时，尤姓作乱，薛仁贵受命带兵征讨，三箭射杀魁首三人，众敌慑服而降。军中歌道："将军三箭定天山，壮士长歌入汉关。"多亏这张弯弓，等于重新建造了李唐王朝的乾坤。韩信击魏的时候，用木罂浮水渡过军士，遂平了魏地，这机谋是常人不可测度的；田单被燕国围困，他用火牛冲击敌阵，收复齐国七十余城，这种势焰冲天的场面有何人能够抵挡呢？太史慈，猿臂善射，算得是吴国英雄；班定远长得虎头燕颔，真是汉朝的豪杰。唐书上说，尉迟敬德膂力强健，超迈众人，善于避矟，敌人群起而上刺击他也不能伤他，又能夺敌矟还击敌人；魏志上说，张辽胆略过人，他守合肥时，被孙权所围，领数人突围而出，闻众人呼救，复入重围救出余众。宋史上说，狄青出征平凉的时候，他的图像呈送御览，皇上看了叹道："朕之关张也。"北史上说，高昂（字敖曹）为高欢的大将，善于弓马，人们把他比为项羽。

【原文】

紫髯会稽,振耀吴军武烈;黄须骁骑,奋扬曹氏威声。鸦军雷军雁子军,鬼神褫魄;飞将锐将熊虎将,草木知名。圻父王之爪牙,诗旨真可味也;将军国之心膂,人言其不谬乎。

【译文】

张辽问东吴降人说:"向有紫髯将军,使马善射,是谁?"答曰:"孙会稽。"辽乃叹服,可见孙权振奋光大了吴国的军威;汉书上说,曹操因乌桓侵犯,让儿子曹彰为骁骑将军,一战大获全胜,曹操高兴地说:"黄须儿大奇也。"可见长着黄胡须的曹彰给曹氏家族赢得了声誉。李克用的鸦军、郑璘的雷军、朱瑾的雁子军,就是鬼神见了,都要被夺去魂魄;单雄信是飞将、马璘是锐将、关羽张飞是熊虎将,就是草木也知道他们的姓名。"圻父,予王之爪牙",是《诗经》所说的,真有滋味,李广将军是国家的顶梁柱,这话一点不假。

卷 二

祖孙父子

新增文十二联

【原文】

何谓五伦,君臣、父子、兄弟、朋友、夫妇;何谓九族,高、曾、祖、考、己身、子、孙、曾、玄。始祖曰鼻祖,远孙曰耳孙。父子创造,曰肯构肯堂;父子俱贤,曰是父是子。祖称王父,父曰严君。父母俱存,谓之椿萱并茂;子孙发达,谓之兰桂腾芳。

【译文】

什么叫做五种伦常?就是君臣、父子、兄弟、朋友、夫妇。什么叫做九层宗族?就是高祖、曾祖、祖父、父亲、自己、儿子、孙子、曾孙、玄孙。创始的老祖,叫做鼻祖,远代的孙子,叫耳孙。父子创造有所成就,就好像乃父规划建筑,儿子既肯结构,又肯落成堂宇,父子都有贤能,便说没有这样的父亲,必定没有这样的儿子。祖父比父尊一辈,所以叫做王父。父亲治家是严肃的,所以叫做严君。父母都健在,好像是椿树萱草并皆茂盛;子孙都发达,好像是兰花桂子芳气飘扬。

【原文】

乔木高而仰,似父之道;梓木低而俯,如子之卑。不痴不聋,不作阿家阿翁;得亲顺亲,方可为人为子。盖父愆,名为干蛊;育义子,乃曰螟蛉。生子当如孙仲谋,曹操羡孙权之语;

生子须如李亚子,朱温叹存勖之词。

【译文】

鲁国的伯禽去见他父亲周公,三次见面,三次遭到鞭打。伯禽不知何故,问到商子。商子说:"南山之阳有乔木,枝条高而仰,像做父亲的威仪;南山之阴有梓木,枝条低而俯,像做儿子的卑屈。"唐朝郭子仪的儿子郭暧,娶升平公主为妻,夫妻不和,暧说:"你倚仗父亲是天子啊?我父亲鄙薄天子才不去做皇帝的!"公主入奏,代宗说:"这就是你所不知道的,他讲的是实话。他们如果想做天子,皇上的位置岂能是你家的!"劝慰一番便叫公主回去了。郭子仪却捆绑了儿子,等待皇上发落。代宗说:"不装点痴呆,不装点聋聩,怎能够做公公婆婆呢!儿女的私房话不要听!"《孟子》说:"不得乎亲,不可以为人;不顺乎亲,不可以为子。"所以说,只有得到双亲的欢欣,顺从双亲的心意,才可以在社会上做人,在家中做儿子。掩盖父亲的过失,叫做干蛊;抚育人家的儿子,叫做螟蛉。三国时,曹操见孙权军伍整齐,感叹道:"生子当如孙仲谋。"这是羡慕孙权治军有方的话语;五代时,李存勖小名李亚子,破梁夹寨,梁太祖朱温慨叹道:"生儿子应当像李亚子那样,我的儿子好比猪狗。"这是叹羡李存勖骁勇善战的言辞。

【原文】

菽水承欢,贫士养亲之乐;义方是训,父亲教子之严。绍箕裘,子承父业;恢先绪,子振家声。具庆下,父母俱存;重庆下,祖父俱在。燕翼贻谋,乃称裕后之祖;克绳祖武,是称像贤子孙。称人有令子,曰麟趾呈祥;称宦有贤郎,曰凤毛济美。

【译文】

"啜菽饮水尽其欢,斯之谓孝。"这是孔子教育子路的话,贫穷有什么可伤感的呢?你看那些穷苦的士人,不就是这样供养自己的父母嘛!这也是一种人间伦理的欢乐;爱子教之以义方,不让他走上邪路。这是春秋时石碏劝谏卫庄公的话。父亲教育儿子,总应以严格为要。克绍箕裘,这是说儿子能继承父亲的事业;恢复先人绪业,这是儿子振作全家的声名。称呼具庆下，是说父母都在堂的意思；称呼重庆下，是说祖父母、父母都在堂的意思。像燕子庇翼雏燕，诒留许多谋画，这是称赞垂裕后人的祖上；能够继承祖上的遗志，便是称赞肖像贤人的孙子。称颂人家有好样的儿子，便说是麒麟足趾，呈报祥瑞的景象。称赞官宦人家有贤能郎君，便说是凤凰美羽的风采，有后人继承和发扬。

【原文】

弑父自立，隋杨广之天性何存；杀子媚君，齐易牙之人心何在。分甘以娱目，王羲之弄孙自乐；问安惟点领，郭子仪厥孙最多。和丸教子，仲郢母之贤；戏彩娱亲，老莱子之孝。毛义捧檄，为亲之存；伯俞泣杖，因母之老。慈母望子，倚门倚闾；游子思亲，陟岵陟屺。

【译文】

隋文帝之子杨广，乘上寝疾，弑父自立，还有人伦天性吗？春秋时，易牙善调味，齐桓公北伐回来，叹说道，天下各种珍味皆尝过，只是未曾吃过人肉。易牙回到家，就砍断小儿子两手煮了给齐桓公吃。如此残忍，毁儿媚上，慈爱之心到底哪里去了？王羲之手抱弱孙，碰到甘甜味美的食品，必定要剖开来分食，享受人间的天伦之乐；郭子仪有八子七婿，孙子数十个，每遇问安，不能辨别，惟有点头而已，这是他多子多孙的福分。

唐朝柳公绰妻韩氏，训其子仲郢，曾和熊胆为丸，让仲郢夜嚼以佐勤苦，母亲教导儿子立志耀祖光宗的贤德于此可见；楚国的老莱子，行年七十有三，父母尚在，言不称老，常身着彩衣作婴儿状以愉悦双亲，这是儿女孝敬父母的苦心。毛义很有孝行，一日公府传来檄令，命他去做安阳太守，他手捧檄文显得很是欢喜，后来他母亲死了，他就不再做官，说明他前次捧檄心欢，是因为母亲健在；韩伯俞也有孝道，一天母亲用拐杖责打他，他忽然悲泣起来，母亲说道："往日杖汝，不吭一声，今何以泣？"伯俞说："往日杖痛，知母健康，现在母亲年老力衰，杖我不痛，所以悲泣。"故知韩伯俞悲泣杖责实在是哀伤母亲年老。

王孙贾事奉齐湣王，齐国被燕所破，湣王奔莒，齐将淖齿作乱杀了潜王,王孙贾失去栖身之所。他母亲对他说:"你早出而晚归,我则倚大门而望,你暮出而不还,我则倚里门而望。"《诗经》有诗句说:"陟彼岵兮,瞻望父兮","陟彼屺兮,瞻望母兮"。这是歌颂孝子远游,思念双亲。

【原文】

爱无差等,曰兄子如邻子;分有相同,曰吾翁即若翁。长男为主器,令子可克家。子光前曰充闾,子过父曰跨灶。宁馨英畏,皆是羡人之儿;国器掌珠,悉是称人之子。可爱者子孙之多,若螽斯之蛰蛰;堪羡者后人之盛,如瓜瓞之绵绵。

【译文】

疼爱人没有差别和等级之分,就说"亲其兄之子,为若亲其邻之赤子";名分相同,就说"我的父亲就是你的父亲"。当项羽要烹汉高祖之父时,汉高祖便是这样说的。居长的儿子主管祭祀的礼器,能干的儿子可以管理家业。儿子光宗耀祖,叫做充闾,是他带来的喜气充满门庭,晋朝有个贾充,他初生下来,父亲便说道:"后当有充闾之庆",因名贾充,字公闾。儿子胜过父亲,叫做跨灶,是说他如驹马行走,后脚跨越前脚的足迹。晋朝的山涛见少年时代的王衍丰姿如琼林玉树,目送着他说:"何物老妪,生此宁馨儿。"晋朝的桓温初生下来,温峤说:"此儿有奇骨,真英物也。"这些都是羡慕人家的儿子超凡脱俗。隋朝的高孝基见房玄龄说:"我见过的人多了,没有比得上这个年轻人的,日后当为国家栋梁。"杜甫《寄汉中王》诗:"掌中荣见一珠新。"这都是称贺人家的儿子英才盖世。可以爱慕的,是子孙的众多,如同那蚂蚱一生九十九子,蛰蛰然和乐非常;最堪羡慕的是后人的繁衍,如同那瓜瓞生出来,有大有小,绵绵不断。

【新增文】

经遗世训,韦玄成乐有贤父兄;书擅时名,王羲之却是佳子弟。敬则应得鸣鼓角,母觇子荣;宗武更勿带罗囊,父规儿忌。宋之问能分父绝,作述重光;狄兼谟绰有祖风,后先辉映。焚裳伏剑,罗母与陵母皆贤;跃鲤杀鸡,姜生与茅生并孝。

【译文】

汉朝韦贤的儿子叫玄成,父子都因精通经学而官至宰相,人们便说:"遗子黄金满籝,不如教子一经",韦玄成很高兴有贤父兄的教诲;晋朝的王羲之自幼能写文章,且以擅长书法而驰名当世,他的伯父王敦很器重他,说:"你是我家佳子弟,当不减阮主簿。"

北齐王敬则的母亲曾对人说:"敬则应得鸣鼓角",后王敬则果然封侯,出入有鼓角奏鸣,这是母亲预先看到儿子有荣华;杜甫教诲儿子宗武的诗云:"莫带紫罗囊",这是父亲规劝儿子不可偷懒松懈。唐朝宋之问的父亲宋令文,富文辞,且工书法,有力绝人,世谓之三绝,后宋之问以文章名重一时,和他的两个弟弟,各分得父之一绝,这便是父作之,子述之,使它们重新发扬光大起来;唐代狄仁杰的孙子狄兼谟,刚正有祖风,迁御史中丞,帝曰:"爱卿是狄梁公后代,确实没有辜负祖上的名声。"这便是祖在先,孙在后,光辉自然映照。

罗企生的母亲听说儿子殉难,说:"忠臣也,死复何恨?"哭毕,将仇人先前所赠的羔裘焚烧掉了。王陵的母亲被项羽囚禁,逼她招儿来投降,陵母不肯,毅然伏剑而死,这都是贤母。姜诗事奉母亲极为孝顺,姜母喜饮江水,忽舍旁涌出江水,还有双鲤跃出。茅容杀鸡供母,自己吃草蔬不厌,这都是孝子。

【原文】

灵运子孙多是凤,岂是阿私;僧虔后嗣半为龙,原非自侉。马援得璘能耀武,毕竟孙贤;祁奚举午不避亲,皆因子肖。触詟犹怜少子,乞清要于君前;萧傲喜见曾孙,效传呼于阶下。

【译文】

苏东坡《答马忠王》诗:"灵运子孙多是凤",绝不是徇私、偏袒之言;王僧虔《诫子书》云:"吾门中优者为龙为凤,劣者为虎为豹。失荫之后,岂龙凤之谓哉,正宜各自努力耳。"更不是自我夸耀的话。后汉的马璘是马援的孙子,读《马援传》,至"大丈夫死于边,以马革裹尸",慨然叹道:"令吾祖勋业坠地下乎",遂奋发而为名将,马璘毕竟是贤孝的子孙;春秋时的祁奚任晋悼公的中军尉,年老时辞官归隐,悼公问："谁可以接替你的职位？"祁奚回答说："我的儿子祁午可以承担。"他举贤不避亲，是因为儿子能像父亲一样秉公办事，刚正不阿。触詟爱怜最小的儿子，他在赵太后面前，代替儿子讨乞职位清贵、又掌握实权的官职，赵太后问他："大丈夫也爱最小的儿子吗？"触詟回答说："更甚于妇人。"五代后周的萧愿，是梁宰相萧颃的儿子，曾祖萧徽，唐时入相，却对宾客说："我不以入相为喜，所幸寿考，又见曾孙。"愿为儿戏，仿效曾孙传呼叫喊的声音响彻在庭前阶下。

【原文】

王霸则曾惭贵客，张凭则喜说佳儿。李峤贻讥，甘罗堪美。公才公望，喜说云仍；率祖率亲，宁云委蜕。杜氏之宝田斯在，薛家之磐石犹存。词辨既见渊源，强项亦征风烈。

【译文】

王霸少立高节，不俯仰于权贵，在家耕田为食，朋友令狐子伯做楚相后，遣儿下书招见他，王霸见贵客时面带惭愧之色。张苍梧是张凭之祖，曾对张凭的父亲说："我不如你。"凭父不解其意，苍梧说："你有佳儿。"张凭时年数岁，拱手说道："阿翁岂可对子戏父。"

苏瑰的儿子和李峤的儿子，童年时一同入朝，皇上命他二人各自背诵一段熟悉的文章。苏瑰子苏颋诵曰："木从绳则正，后从谏则圣。"这是说人们剖锯木头必须以绳墨来做尺度，才能正直而不偏斜，皇上治理国家，必须听从大臣的忠谏才能圣明。李峤的儿子则背诵"斮朝陟之胫，剖贤人之心。"这说的是商纣王在冬月的早晨，看见一老翁赤脚涉水过河，说他的胫骨能耐寒，骨髓必定与常人不同，遂命人斩而视之。纣王的大臣比干曾说为人臣者不得不以死争，乃强谏，纣王怒说："我听说圣人的心有七窍，我倒要看看你的心是不是也有七窍。"遂剖比干见其心。皇上听完他们的背诵说："苏瑰有子，李峤无儿。"李峤有这样的儿子，怎能不被有识之士所讥笑呢？甘罗少年的时候，吕不韦曾说："他是名家的子孙"，这是很让人羡慕的。

王俭做宰相的时候，宾客看见他的孙子王暕才几岁，就风神秀姿，气度不凡，都恭维说："公才公望，都在这里。"这是对人家云孙仍孙的美谈。《礼记》说："自仁率亲，自义率祖"，这就是说，用恩，则父母重,祖轻;用义,则祖重,父母轻。哪里像庄子说的子孙并非我的后代,他们是天地暂且遗留在我这里的。

宋代的杜孟游太学,因蔡京用事,愤然辞归,说:"忠孝吾家之宝,经史吾家之田。"时人号为宝田杜氏。现今它们在这里;唐朝薛元超转中书舍人,中书省的官邸内有磐石,其祖薛道衡做侍郎时,常在磐石上草拟制书。元超每见石思祖,辄汍然流涕,看来,薛家磐石依然存在。

员俶九岁的时候,善于词辩。帝说道:"员半千的孙子当然如此。"这可见家学有渊源。杨奇举动执拗得很,汉灵帝说:"真杨震子孙,有祖风烈也。"这也是很有征验。

兄　弟

新增文十一联

【原文】

天下无不是的父母，世间最难得者兄弟。须贻同气之光，无伤手足之雅。玉昆金友，羡兄弟之俱贤；伯埙仲篪，谓声气之相应。兄弟既翕，谓之花萼相辉；兄弟联芳，谓之棠棣竞秀。

【译文】

天下没有不是的父母，世间最难得的是兄弟。需要贻留同胞的脸面，切莫损伤手足的情分。宋朝的王铨王锡两兄弟以孝行齐名，人称他们是玉昆金友，这是羡慕他们手足之情非常亲密。"伯氏吹埙，仲氏吹篪。"这是《诗经》上说兄弟同声相应、同气相求。唐玄宗友爱诸兄弟，曾做长枕大被，与兄弟同寝，设五幄帐和诸王同处，并题所住楼阁叫"花萼相辉之楼"。后人便把兄弟能够和谐相处，叫做花萼相辉。兄弟相联，流芳于世，这是《诗经》上说的"棠棣之华"仿佛竞相吐秀的样子。

【原文】

患难相顾，似鹡鸰之在原；手足分离，如雁行之折翼。元芳季方俱盛德，祖太丘称为难弟难兄；宋郊宋祁俱中元，当时人号为大宋小宋。荀氏兄弟，得八龙之佳誉；河东伯仲，有三凤之美名。东征破斧，周公大义灭亲；遇贼争死，赵孝以身代弟。

【译文】

兄弟患难与共，彼此顾恤，如同鹡鸰鸟，在平原上呼救。手足如果分离，就如同列阵的鸿雁，被人折断了翅膀。汉朝的陈元芳和陈季方是同胞兄弟，都有盛德。元芳的儿子叫长文，季方的儿子叫孝先，一天，他俩争论起自己的父亲谁优谁劣，问到他们的祖父太邱令陈寔，太邱说："元芳难做兄，季方难做弟。"宋代的宋郊宋祁均有才干，宋祁先中了状元，章宪太后说："弟不可先兄。"遂赐宋郊也状元及第。当时人们称为大宋小宋。汉朝的荀俶有八个儿子俭、绲、靖、焘、汪、爽、肃、敷，并有才名，人们送其"荀氏八龙"的美名。唐朝的薛收和族兄薛德音及从兄子薛元敬，俱有文才，人称"河东三凤"，他们的美名也是流传后世。武王克商后，派弟弟管叔同蔡叔到殷国监视纣王的儿子武庚，后来管叔蔡叔跟随武庚叛乱，所以周公东征三年，擒住管蔡二叔后正法。这是周公为着社稷大义，把至亲兄弟除灭了。汉王莽末年，赵礼被贼所擒，贼要杀了他，并吃他的肉。他的哥哥赵孝听说后，把自己绑着来到贼面前说："弟瘦不如我肥，愿代弟命。"赵礼说："我本遇贼，何得杀兄？"贼因他二人很讲礼义，便把兄弟俩都放了。

【原文】

煮豆燃萁，谓其相害；斗粟尺布，讥其不容。兄弟阋墙，谓兄弟之斗狠；天生羽翼，谓兄弟之相亲。姜家大被以同眠，宋君灼艾而分痛。田氏分财，忽瘁庭前之荆树；夷齐让国，共采首阳之蕨薇。虽曰安宁之日，不如友生；其实凡今之人，莫如兄弟。

【译文】

曹丕欲加害弟弟曹植，命他七步成诗，不然即行大法，曹植吟诗道："煮豆燃豆萁，豆在釜中泣。本是同根生，相煎何太急。"后来便用"煮豆燃萁"比喻残害自家兄弟的意思。"一斗粟，尚可舂。一尺布，尚可缝。兄弟二人不相容。"这是汉文帝时的百姓，讥笑文帝因弟弟淮南厉王刘长谋反，就把他废置蜀郡，终于不食而死的荒唐举止。兄弟阋于墙，是形容兄弟之间斗争非常剧烈。天生成的羽翼，是说兄弟间相亲相爱。汉朝的姜肱与弟弟仲海、季江，生性相互友爱，虽已各娶妻子，却不忍分开睡觉，做大被而共卧。宋太祖因为弟弟赵匡义有病，亲自为他灼艾治病。弟弟觉痛，宋太祖也灼艾自灸，是要给弟弟分担些疼痛。隋朝的田真、田广、田庆兄弟，欲分家财，连堂前一株紫荆树也要分成三片。紫荆树便突然枯萎下去了，于是他们不再议论分财之事，紫荆树又繁茂起来。商末的伯夷和叔齐是孤竹君的两个儿子，孤竹君死后，他们兄弟让国不居。后来商朝被周武王灭了，天下一统于西周，伯夷和叔齐耻食周粟，便到首阳山上采野果而食，后来竟饿死在山上。虽说安宁的日子，兄弟不如朋友，其实现在所有人中间，都不如兄弟之间那样亲密无间。这些都是《诗经》上的话："丧乱既平，既安且宁。虽有兄弟，不如友生。""棠棣之华，鄂不韡韡。凡今之人，莫如兄弟。"

【新增文】

诗歌绰绰，圣训怡怡。羯末封胡，俱称彦秀；醍醐酪乳，并属可珍。陆机陆云，名共喧于洛邑；季心季布，气并盖于关中。刘孝标之绶方青，马季常之眉本白。

【译文】

《诗经》上有两句歌谣："此令兄弟，绰绰有余。"《论语》上孔圣人有"兄弟怡怡如也"的训诫。晋朝谢氏兄弟、子侄封（谢韶）、胡（谢朗）、羯（谢玄）、末（谢渊）四人都被时人称道为才德杰出；唐朝穆赞兄弟资质灵秀，被世人誉为醍醐、酪和乳，也算是一门珍奇。陆机、陆云兄弟本居华亭，晋灭吴后兄弟同入洛阳，以才名享誉一时。季心崇尚勇武，季布注重然诺，他们兄弟的气节声威，一并涵盖关中。刘孝标在家园与兄弟作别，有四句诗曾写道："四鸟怨离群，三荆悦同处。如今腰艾绶，东南各殊举。"马良，字季常，眉间有白毫，兄弟五人并有才名，乡里有句俗谚说："马氏五常，白眉最良。"

【原文】

文采则眉山轼辙，才名则秦氏昈通。欲成弟名，虽择肥美而何咎；中分财产，宁取荒顿以为安。一家之桐木称荣，千里之龙驹谁匹。上留田何如廉让江，闭户挝亦当唾面受。

【译文】

四川眉山县的苏轼、苏辙兄弟同登进士科，又同策制举，文采粲然，时人称为大苏小苏；唐朝的秦景通和秦景昈俱有才名，精通《汉书》，人们合称做大秦君、小秦君。想要成就弟弟"孝廉"的名声，许武便择取肥田美地、强奴悍丁归己所有，人家讥笑他是自盗恶名，他都不辩解，待弟弟已经成名，他又将精心管理后三倍于前的家产，都让给了弟弟。这种做法有什么值得责难的呢？薛包和兄弟分财产，情愿取那些荒芜和废弃的田产，他说："器物朽败者，我身口所安也。"韩子华同兄弟都是宰相，他家里有大梧桐，人称他"桐木韩家"，这个称号是很荣贵的。北朝的卢思道，小字叫释奴，弟昌衡，小字叫龙子，宗族人都称其英妙，时下人说："卢家千里，释奴龙子，还有何人能并匹呢？"《古乐府》中有"上留田"，描写的内容是不恤兄弟。交州李姓兄弟十人，都以慈孝廉让而闻名，那里的一条江也因此改名廉让江了。由此看来，"上留田"怎么能同交州的廉让江相比呢？后汉的缪彤因兄弟娶妻要分家，他便关起门来，捶胸顿足地自责说："这都是我治家无方的过错啊。"这种忍耐，同唐朝的娄师德教育兄弟"唾面自干"的忍耐是一样的。

【原文】

推田相让，知延寿之化行；洒泪息争，感苏琼之言厚。三孔既推鼎立，五张亦号明经。爱敬宜法温公，恭让当师延寿。

【译文】

汉代的韩延寿做官时，看见高陵竟有兄弟争讼田产的事，他便自责是教化不到，后讼者自愿不争，推田相让。苏琼做清河太守的时候，也有兄弟为争田地打官司，他便召来兄弟以礼相劝，说："天下难得者兄弟，可求者田地。假如你们争得了田地，却失去手足情，伤了兄弟心，田地再多又有什么用呢？"争讼人闻言泪下，言归于好，这便是被苏琼厚道的言语所感动。孔文仲、孔武仲、孔平仲都以才名著称而不相上下。黄鲁直有诗云："二苏上连璧，三孔分立鼎。天不坠斯文，俱来集台省。"张知謇、知玄、知晦、知泰、知默兄弟五人，全是通晓经义的贡生。司马温公有兄叫伯康，年近八十。他奉如慈父，时常向他问候寒暖、饮食，这种爱敬兄长的品德，应当效法。北朝的杨播字延庆，弟杨椿字延寿、杨津字罗汉，家世纯厚，兄弟都能相互礼让，终日和睦相处。他们这种互敬互让的美德值得大家学习。

夫　妇

新增文八联

【原文】

孤阴则不生,独阳则不长,故天地配以阴阳;男以女为室,女以男为家,故人生偶以夫妇。阴阳和而后雨泽降,夫妇和而后家道成。夫谓妻曰拙荆,又曰内子;妻称夫曰藁砧,又曰良人。贺人娶妻,曰荣偕伉俪;留物与妻,曰归遗细君。受室即是娶妻,纳宠谓人娶妾。正妻谓之嫡,众妾谓之庶。称人妻曰尊夫人,称人妾曰如夫人。

【译文】

孤阴不能创造生命,独阳,也不能养育万物。所以天地要配合阴阳;男子娶女人便成内室,女嫁男子便是宜家了。所以男人和女人要匹配成为夫妇。阴阳调和,而后才有雨露降下来,夫妇协调,而后家道才可兴隆。丈夫对人称自己的妻子,叫拙荆,又叫内子;妻子称丈夫,叫藁砧,又叫良人。庆贺人家娶妻,便说是荣偕伉俪;贻留食物给妻子,便说是归家遗赠细君。受室,就是说的娶妻;纳宠,便是说人家娶妾。《礼记》:"妻者,齐也,与夫敌体也。妾者,接也,承接于夫也。"所以正妻是丈夫的敌体,敌与嫡同音,称之为嫡;众妾是承接丈夫的人,众是众庶,故众妾又称为庶。称人家的妻,叫做尊夫人;称人家的妾,叫做如夫人。

【原文】

结发系是初婚,续弦乃是再娶。妇人重婚曰再醮,男子无偶曰鳏居。如鼓瑟琴,夫妻好合之谓;琴瑟不调,夫妇反目之词。牝鸡司晨,比妇人之主事;河东狮吼,讥男子之畏妻。杀妻求将,吴起何其忍心;蒸梨出妻,曾子善全孝道。张敞为妻画眉,媚态可哂;董氏对夫封发,贞节堪夸。冀郤缺夫妻,相敬如宾;陈仲子夫妇,灌园食力。

【译文】

结发是初次的婚配,续弦是再次的婚娶。妇人二次结婚,叫做再醮,因为她再用一次结婚时这种醮的仪节。男子无偶独居,便说是鳏居。"妻子好合,如鼓琴瑟。"这是《诗经》上比喻夫妻和睦的话,如若琴瑟两不调和,便是说夫妻反目。牝鸡也要管早晨的啼叫,是比喻妇人主持家事;宋朝的陈季常饱参禅学,其妻柳氏妒悍。客人前来作客,还能听到柳氏的诟骂声。苏东坡作诗笑话他怕妻的情形:"谁似龙邱居士贤,谈空说法夜不眠。忽闻河东狮子吼,拄杖落手心茫然。"后人就把"河东狮吼"一语拿来笑话丈夫害怕妻子。吴起在鲁国做官,齐国伐鲁,鲁君因吴起的妻子是齐国人,犹豫不决,不肯重用他,吴起竟然把妻子杀了求做大将。这是何等的残忍。曾参事奉后母,很有孝道。一日,他妻子为婆母蒸梨不熟,他竟然把妻子逐出门去,这是善全孝道的做法。张敞做京兆尹的时候,常替妻子描眉画黛,这谄媚的态度,理当受到后人的讥笑;董氏因她的丈夫贾直言被远贬他乡,便把自己的头发用绳布封固起来,这清贞节操是值得夸耀的。郤缺耕于田野,他的妻子送饭去,彼此恭敬如同对待宾客一样;陈仲子因为楚王来聘他做官,夫妻二人便远走他乡,替人家灌园谋生,终身自食其力。

【原文】

不弃糟糠,宋弘回光武之语;举案齐眉,梁鸿配孟光之贤。苏蕙织回文,乐昌分破镜,是夫妇之生离;张瞻炊臼梦,庄子鼓盆歌,是夫妇之死别。

【译文】

汉光武帝的姐姐湖阳公主新寡,爱慕宋弘的威仪,欲和他结婚。光武帝召宋弘探问道:"富易交,贵易妻,合乎人间情理吗?"宋弘回答说:"贫贱之交不可忘,糟糠之妻不下堂。"湖阳公主因此而未能如愿。汉代的孟光貌丑面黑,德行却高洁,年已三十还不出嫁,父问其故,答曰："欲节操如梁鸿者。"梁鸿听说后立即娶她为妻，每进食时举案齐眉，这说明孟光的贤德。苏蕙因丈夫窦滔远戍关外，织锦作回文诗劝归，词极凄婉。乐昌公主因陈国要亡，同他丈夫徐德言破开铜镜，各执一半，约他日相见重圆，这是生前夫妇离别的惨状；张瞻在外经商，梦见在臼中做饭，圆梦的说是家中无釜，是丧妻的预兆。庄子死了妻子，他鼓盆唱歌，若无其事，这是丈夫对死妇的纪念。

【原文】

鲍宣之妻，提瓮出汲，雅得顺从之道；齐御之妻，窥御激夫，可称内助之贤。可怪者买臣之妻，因贫求去，不思覆水难收；可丑者相如之妻，夤夜私奔，但识丝桐有意。要知身修而后家齐，夫义自然妇顺。

【译文】

汉代鲍宣的妻子是富家女，她出嫁时，换上粗布衣服，与鲍宣共挽鹿车，同归乡里，拜公婆礼毕，提了瓦瓮就出门汲水去了，这是深明妇人孝顺之道；齐国宰相晏子的车夫，为晏子驾车而扬扬得意，他妻子见此情形斥责丈夫说："晏子长不满六尺，身相齐国，名显诸侯，但他的态度却非常谦虚。你身长八尺，不过替人赶车，还扬扬自得，如此傲慢，岂不让人笑话，应该低首下心一些才好！"这个劝勉果然生效，她丈夫深刻反省后，经常克制自满情绪。像这样的妻子，可以称为贤内助。最可惊怪的是朱买臣的妻子，他因买臣家贫，要求离婚，后来朱买臣做了大官，又回来要求合婚，她也不想想已经泼出去的水，怎能够再收回来呢？最可鄙的是司马相如的妻子卓文君，她深更半夜同相如私奔，她只能听出司马相如的琴音是凤求凰曲，有向她求婚之意，却不顾遵从妇道。要知道每个家庭成员都修身养性，恪守道德，一家人自然就齐心合力了；做丈夫的果然能够信守义礼，那么做妻子的自然就柔顺了。

【新增文】

诗称偕老，易著家人。或穿墉以窥宾，或断机而勖学。贾大夫射雉，未足欢娱；百里奚之烹雌，何嫌寂寞。仍求故剑，宣帝不忘许后于多年；忽著新衣，桓冲顿化成心于一旦。

【译文】

《诗经》里称颂了"君子偕老"，《易经》里有"家人"一卦。有的人，比如晋朝山涛的妻子韩氏，在墙上穿个小洞，窥看丈夫和朋友嵇康、阮籍相处在一起的情况。有的人，比如乐羊子的妻子，见乐羊子在外求学，学业未成就回了家，她便把机头上的布剪断，劝勉乐羊子重去求学。

贾国的大夫面貌丑陋，娶了一个十分美丽的妻子，三年中，妻子不言也不笑，一天，他和妻子一同驾车到原野里去游玩，贾大夫射得了几只雉，妻子看到丈夫有才有艺，这才开始了言和笑。所以只能使妻子欢娱，是万万不够的。百里奚做了秦国的宰相，在大堂上作乐，堂下那个花钱雇用的洗衣婆自称略懂音乐，百里奚忙唤她操琴奏乐来助兴，洗衣婆抚弦而歌："百里奚，五羊皮。临别时，烹伏雌，炊扊扅。今富贵，忘我为。"百里奚下堂询问，原来是他的妻子。洗衣妇千里寻夫，难道只是嫌弃贫困和寂寞吗？

汉宣帝最初聘许广汉的女儿为妻，当了皇帝以后，派人四处访求旧时的一把宝剑，大臣知道他的用意，是表示不忘许后多年的情义，乃立许氏为皇后；桓冲不喜欢穿新衣服，浴后，他妻子故意让人给他送去一件新衣，桓冲大怒，命令仆役赶快拿走，妻子传话说："新衣服不穿，怎么能变成旧衣服？"桓冲大笑，立即穿上了新衣，他的固执成见立时烟消云散了。

【原文】

吴隐之得淑女，奚惜负薪；司马懿有贤妻，何辞执爨。募死士以拒敌，谁同杨氏之坚持；提数骑以拔围，孰比邵姬之勇往。李益设防妻之计，常撒冷灰；志坚摘送妇之词，任撩新发。苟内则之无忝，自中馈之称能。

【译文】

吴隐之做晋陵太守的时候，他的妻子常常自己背柴，冬天没有棉衣御寒，去河边洗衣时，就披上破烂的棉絮，勤苦得如同一般的百姓；司马懿在晋朝刚要建立时,辞官不做,推说有风湿病不能自如行动。一日,晾晒藏书时遇雨,司马懿急忙跑去收书,恰巧被家中惟一的女婢看见。妻张氏怕称病不出的机密泄露,就杀了女婢,亲自烧火做饭,料理家务。李侃做项城令,被敌重围,李侃想弃城奔逃,妻子杨氏说:"城丢了,就会落入贼手,仓库会成为敌人的积蓄,百姓也会成为贼众,请赶快召募敢死之士守城。"抵抗敌兵,不畏牺牲,谁能像杨氏一样坚持到底?刘遐妻是邵续的女儿,骁勇果敢有父帅之风,刘遐被石季伦包围,妻子率领数骑,杀入重围,救夫君于万人之中,临危不惧,骁勇善战,谁能和邵姬相比?李益素有嫉妒毛病,防妻很严,常用冷灰撒在门外地下,防妻夜晚出行;杨志坚的妻子,因家贫,便向丈夫索要休书,要求另谋出路,志坚写诗送之:"金钗任意撩新发。"若能对于《内则》上的规定问心无愧,自然是主妇中的佼佼者了。

叔 侄

新增文六联

【原文】

曰诸父，曰亚父，皆叔父之辈；曰犹子，曰比儿，俱侄儿之称。阿大中郎，道韫雅称叔父；吾家龙文，杨素比美侄儿。乌衣诸郎君，江东称王谢之子弟；吾家千里驹，苻坚羡苻朗为侄儿。

【译文】

或叫诸父，或叫亚父，都是伯叔一般人；或叫犹子，或叫比儿，都是侄儿的称呼。晋朝的谢道韫嫁给王凝之为妻，她闷闷不乐地回到娘家，叔父谢安说："王郎是王逸少的儿子，没什么不好的，你为什么抱怨呢？"谢道韫说："一门叔侄惟有阿大中郎，群从兄弟则有封（谢韶）、胡（谢朗）、羯（谢玄）、末（谢渊），不意天壤之间，乃有王郎。"阿大中郎，是对叔父谢安的雅称；北齐杨愔自幼聪慧过人，六岁授史书，他的叔父杨素说："此儿驹齿未落，已是我家的龙文。"龙文就成为赞美侄儿的说法。王谢子弟多在乌衣巷中居住，一时贵盛，江东人称之为"乌衣子弟"；"吾家千里驹"，这是苻坚称誉侄儿苻朗的话。

【原文】

竹林叔侄之称，兰玉子侄之誉。存侄弃儿，悲伯道之无后；视叔犹父，羡公绰之居官。卢迈无儿，以侄而主身之后；张范遇贼，以子而代侄之生。

【译文】

竹林七贤，惟有阮籍阮咸是叔侄，所以称叔侄叫竹林；芝兰玉树生于庭阶,这是谢安夸美他侄儿谢玄的话,所以称羡人家子侄叫兰玉。晋朝郑伯道在战乱的时候,肩挑着侄儿和儿子逃难,他因不能两全,把侄儿留在身边,却把儿子抛弃了,后来他的妻子未能再孕育,伯道因此没有后代,令人悲伤;唐代柳公绰身处富贵,而事叔如父。柳公绰死后,他的儿子柳仲郢事叔父柳公权,也如同奉养自己的父亲一样。仲郢做京兆尹时,出遇公权,必下马端笏而立,这种发自内心的敬重,令人称羡。卢迈做中书侍郎的时候,结了两次婚都没有生子,有人劝他纳妾,他说,我兄弟的儿子就如同我的儿子,可以主持我死后的一切事情;魏人张范的儿子和侄儿,都被贼擒去,他哀求说,情愿舍掉自己的儿子,来换取侄儿那幼小的生命。

【新增文】

谢密能成佳器,刘孺可号明珠。或献泛湖之图,或称招隐之寺。陆家精饭,何损素风;杨氏铜盘,独逾诸子。谢安石东山之费,阮仲容北道之贫。可为都督,王浑预评犹子之词;必破吾门,宗炳先料比儿之语。愚者宜归葱肆,贤者得反金刀。

【译文】

南朝的谢密在孩提时便幼年老成,不时说出深明世理的大人话,他叔父说:"这个孩子聪敏早慧,日后必成大器。"宋朝的刘孺七岁的时候便能作一手好文章,他的叔父常把他带到宾客面前说:"这是我家的珍珠。"陈恭公过生日,亲友多献老人寿星图,只有他的侄儿陈世修却献上一幅范蠡游五湖图。李约在他叔父李锜大厅上,盛赞招隐寺如何景致迷人。

陆纳的侄儿陆俶,曾用精美的饭菜款待谢安,陆纳说是"败坏了我朴素的门风",究竟有什么可以损坏的呢?杨愔幼时,举动非凡,叔父杨玮便在宅内的茂林边筑一室,命杨愔单独居住,用铜盘盛上美味佳肴让杨愔一人享用,这是有别于其他侄儿的特殊待遇。

谢安在东山建起一座别墅,楼馆林木甚盛,同侄儿们聚会游玩,大张宴席,不惜糜费千金;晋阮咸字仲容,与叔父阮籍为竹林之游,诸阮居道南,阮咸独居道北。南阮富,北阮贫,时人以为美谈。

王彭祖,是晋朝王浑的侄子。少年时代,亲朋邻里都说他不好,王浑说:"此儿乱世可为都督三公。"后来他果然做幽冀都督。南朝宋的宗炳问他的侄儿宗悫的志向,宗悫说:"愿乘长风破万里浪。"宗炳说:"汝不富贵,必破吾门。"宗悫后来果然名声显赫。

南朝的吕僧珍出身寒微,以贩葱为业,后做大官富贵起来,他的侄儿向他求官,他对侄儿说:"你们各人自有各人的福分,还是赶快回葱肆去。"这是因为侄儿愚蠢的缘故。晋朝慕容德,他的儿子都被苻坚杀掉了,只有十岁的慕容超还活着,他的祖母公孙氏临终前把一柄金刀交给他说:"你如果能返回故乡,就把这金刀还给你叔父。"他后来终于完成了使命。

师　　生

新增文八联

【原文】

马融设绛帐，前授生徒，后列女乐；孔子居杏坛，贤人七十，弟子三千。称教馆曰设帐，又曰振铎；谦教馆曰糊口，又曰舌耕。师曰西宾，师席曰函丈；学曰家塾，学俸曰束脩。

【译文】

东汉马融才高学博，为当时的通儒，教授的门徒常有千数，卢植、郑玄皆出其门下。学堂中陈设绛紫色的帷帐，前面教授的是从师诵读的学生，后面排列的是善鼓琴、吹笛的歌伎。孔子在杏坛聚徒讲学，向他求道、口称弟子的有三千人，而贤者只有七十二人。称在学馆中执教，叫做设帐，又可以叫做振铎。这是因为古人施行政教、警戒众生就要振动金铎或木铎的缘故。自谦的说法把执教谋生说成是糊口，或者说是舌耕，因为教学授徒所用的是口舌，犹如农夫耕田用犁锄一样。古礼以西为尊，宾主相见，主东而宾西。故把聘请的师傅，敬称为西宾。老师的讲席前大约一丈见方，故敬称师席为函丈。学舍，又可称做家塾，老师教学的俸禄，叫做束脩，因为《论语》上记载了孔子说的"只要备办束脩，我没有不愿教的"的话。

【原文】

桃李在公门，称人子弟之多；苜蓿长阑干，奉师饮食之薄。冰生于水而寒于水，比学生过于先生；青出于蓝而胜于蓝，谓弟子优于师傅。未得及门，曰宫墙外望；称得秘授，曰衣钵真传。人称杨震为关西夫子，世称贺循为当世儒宗。

【译文】

唐代的狄仁杰举荐张柬之、桓彦范等,皆为一代名臣,有人便称赞狄仁杰:"桃李尽在公门。"这是比喻人教的学生很多。唐朝的薛令之做东宫侍读的时候,官署的俸禄简淡、轻薄,他做诗自悼云:"盘中无所有,苜蓿长阑干",描述了为人师者供奉菲薄的情形。荀子曾说:"青,取之于蓝而青于蓝;冰,水为之而寒于水。"这是说,晶莹剔透的冰,是水结成的,它比水更寒冷,借以比喻学生超过先生;青这种染料是从蓝草提炼出来的,它的色泽比蓝草更青,借以称说弟子胜过师傅。未能向名师登门求教,叫做在学官的墙垣外观望;得到师傅的秘密传授,如同佛门弟子得到袈裟和钵盂有了真传一样,叫做得了衣钵真传。汉代的杨震,明经博学,跟着他学习的有上千人。诸儒称他是关西夫子。晋元帝在位时,制定宗庙礼仪,都遵照贺循的意见办,朝廷有疑难都去问他,世人称他为当世的儒学正宗。

【原文】

负笈千里,苏章从师之殷;立雪程门,游杨敬师之至。弟子称师之善教,曰如坐春风之中;学业感师之造成,曰仰沾时雨之化。

【译文】

背负书箱不远千里出外访求名师,反映了汉朝苏章求学的殷切;宋朝游酢、杨时,一日去拜见程颐先生,见程先生瞑目而坐,二人不敢惊动,静静地侍立门外。时正值下雪,直等到白雪覆地一尺,可见游杨二人敬重师长的诚心。弟子称颂先生教授有方,便说是如坐春风之中;宋朝朱光庭拜见程明道先生回来后,曾对人说,光庭在春风中坐了一个月,便留下了这样一个典实。感激老师栽培修成学业,便说是承接及时雨的滋润。

【新增文】

民生在三,师术有四。执经问义,事若严君;鼓箧担囊,不辞曲士。史居左,经居右,士得真修;道已南,易已东,人沾教泽。赐宴月池之上,翼赞堪夸;诵书帐帷之中,烽烟奚避。忠臣录，孝子录，纲常互振；经义斋，治事斋，体用兼全。

【译文】

人们生活在世间至关重要的三件事是：父母养育、老师教诲、君王恩泽；《荀子·致士》中说师傅教导有术应是：态度威严使人敬畏，年高老成使人信赖，以身作则不违说教，讲论经书的精微所在四项。弟子手执经籍、口问义理，事奉先生要同事奉严父一样；古来初学启蒙，必须击鼓警众，开启箱箧，拿出典籍进行教学。老师对那些担囊负笈，远道而来的乡曲学子，不能辞退。古来贤者教授门徒，左史右经，朝弘暮诵，士子能学到真正的知识；宋朝杨时，人称龟山先生，当初从程明道先生学习，杨学成回家。程先生送他出门，程先生对朋友说："我的义理传到南方去了！"汉朝的丁宽，随田何学《周易》。丁宽学成回归故里，田何对门人弟子说，我的易学向东去了。因此，"道已南"，"易已东"，都是说学子濡染老师教育的遗泽呀。

唐高祖委派张复胤向太宗讲经，待太宗继位，高祖赐宴月池，问胤："今日弟子何如？"复胤对高祖说："臣只辅佐、引导了一人，他就统领了天下。"复胤的话值得夸耀；后汉张奂出使外国，烽烟四起，兵将大恐，各欲逃去。张奂安坐帷帐之中，同诸弟子诵书自若，毫无躲避之意，全军将士得以坚守阵地。曾巩集古忠臣为一录，孝子为一录，教授弟子，想把三纲五常互相振兴起来；胡瑗立经义斋、治事斋，教授苏湖从学者，期望他们既精通经义的本质，又注重学以致用。

【原文】

东道之外更无丘，道德由文章炫出，北斗以南应有杰，事功从学术做来。边孝先便便大腹，曾见嘲于弟子；韩退之表表高标，宜共仰于吾儒。应生独举官衔，岂事先生之礼；李固不矜父爵，乃称弟子之良。

【译文】

汉代邴原向孙崧求学，崧对原说："你家乡的郑玄是老师的楷模。你却不了解他，不向他学习，把他当'东家丘'看待了。"其实东家之外更无别的孔丘，这是说郑玄的道德，由文章中炫耀出来；唐朝狄仁杰曾明经训世，世人称他："北斗以南一人耳。"这是称赞狄仁杰的事业、功名，都是从学术中做出来的。东汉边孝先大腹便便，最好昼眠，他的弟子说："边孝先，腹便便，五经笥，但好眠。"他就这样被弟子们嘲笑；韩退之排斥佛教，不读非圣之书，文起八代之衰，高风亮节，如泰山北斗，当为吾辈儒生所共仰。汝南应劭，师事郑玄，自报是泰山太守，郑玄笑曰："仲尼之门，不称官衔。"应劭的浅薄之举，难道是事奉先生的礼节吗；东汉李固是司徒李郃的儿子，他改易姓名，策杖骑驴，负笈从师。每到太学，密省父母，不肯让同学知道父亲的姓名官职，不矜夸父亲的权势，具有独立不倚的良好品德，可称是良善的弟子。

朋友宾主

新增文十二联

【原文】

取善辅仁,皆资朋友;往来交际,迭为主宾。尔我同心,曰金兰;朋友相资,曰丽泽。东家曰东主,师傅曰西宾。父所交游,尊为父执;己所共事,谓之同袍。心志相孚为莫逆,老幼相交曰忘年。刎颈交,相如与廉颇;总角好,孙策与周瑜。

【译文】

汲取他人之善行来辅佐自己的仁德,靠的是良朋好友;在交际中你来我往,朋友们就轮流做主宾。三人同心,其利可以断金,同心之言,如兰花的芳香沁人心肺,所以,心心相印,又叫做金兰;朋友之间的讲习切磋、相携进取,叫做丽泽。古礼以东为卑,宾主相见,主位在东,所以叫做东主;古礼以西为尊,宾主相见,宾位在西,师傅是聘请来的客人,故敬称西宾。与父亲志同道合的人,一概称做同袍。同心相契,无所忤逆,是谓莫逆之交;老幼信孚,忘记年龄,是为忘年之友。刎颈不变的交情,只有同生死共患难的蔺相如与廉颇;幼年总角的交情,只有长相知不相疑的孙策和周瑜。

【原文】

胶漆相投,陈重之与雷义;鸡黍之约,元伯之与巨卿。与善人交,如入芝兰之室,久而不闻其香;与恶人交,如入鲍鱼之肆,久而不闻其臭。

【译文】

东汉陈重与雷义友善,雷义举茂才让给陈重,刺史不许,雷义装疯披发逃走。乡里为歌曰："胶漆自谓坚，不如雷与陈。"东汉时张劭字元伯，范式字巨卿，同游太学，极相友善，学成告归，巨卿约曰，两年后当拜尊亲。至期，元伯禀告母亲，张母说，两年前的约会，又远隔千里，哪会如期到来呢？元伯说，巨卿是非常守信用的人，决不会爽约的。不一会儿，巨卿果然来到，登堂拜母，尽欢而去。朋友之间如此守约的，千百年来只有张元伯和范巨卿。和善良的人交往，如同进入遍植芝兰的花房，光阴荏苒，再也闻不到芝兰的香气了，是说品德与之俱化了；与阴险的人相处，好像来到出卖鲍鱼的街市，旷日弥久，连腥臭之气都习以为常，是形容近墨者黑。

【原文】

肝胆相照，斯为腹心之友；意气不孚，谓之口头之交。彼此不合，谓之参商；尔我相仇，如同冰炭。民之失德，干糇以愆；他山之石，可以攻玉。落月屋梁，相思颜色；暮云春树，想望丰仪。王阳在位，贡禹弹冠以待荐；杜伯非罪，左儒宁死不循君。分首判袂，叙别之辞；拥彗扫门，迎迓之敬。

【译文】

竭诚相见，畅所欲言，算是推心置腹的朋友；口蜜腹剑、意气相悖，只能算是口头交情。彼此不相契合，如同参商二星，永不相见；相互之间仇恨，便说是像冰炭一样难以共处。《诗经》上说，人有时失去朋友之义，只是为了不送去食品，因而遭到嫉恨；又说他山的石头，可以琢磨美玉。杜甫梦李白诗："落月满屋梁，犹疑见颜色。"这是朋友相思的情形；杜甫怀李白诗："渭北春天树，江东日暮云"，是想望丰仪的歌咏。汉朝的王阳官升益州刺史，他的朋友贡禹弹冠相庆，等待推荐自己去做官，这是心心相印的情形；周宣王的大臣杜伯，非关己罪，却被周宣王杀了，杜伯的朋友左儒拼死相谏，宁可同死，不肯阿谀逢迎周宣王的过失。分首和判袂的意思相同，是朋友相叙分别的话；拿起扫帚洒扫庭除，是表示对朋友来访的敬意。

【原文】

陆凯折梅逢驿使，聊寄江南一枝春；王维折柳赠行人，遂唱阳关三叠曲。频来无忌，乃云入幕之宾；不请自来，谓之不速之客。醴酒不设，楚王戊待士之意怠；投辖于井，汉陈遵留客之心诚。蔡邕倒屣以迎宾；周公握发而待士。陈蕃器重徐穉，下榻相延；孔子道遇程生，倾盖而语。

【译文】

陆凯折梅，托驿使捎给远方的好友范晔，并以诗传情："江南无所有，聊赠一枝春"；杨柳依依，难叙别离之情，王维折柳送给即将踏上征程的使者，情动于衷，唱出"渭城朝雨浥轻尘，客舍青青柳色新。劝君更进一杯酒，西出阳关无故人"的阳关三叠曲。郗超在桓温府中频繁进出，没有顾忌，并奉桓温之命在帷帐中卧听大臣们论事，被谢安笑称"入幕之宾"。朋友不请自来，这叫做"不速之客"。楚王戊与穆生友善，穆生不喜饮酒，楚王戊每次设宴，都设醴酒款待穆生。楚王戊即位后，一次同穆生饮宴，忘记陈设醴酒，穆生知道他礼贤下士的心懈怠了，即便辞去；把来访客人的车辖投在井里，这是汉朝的陈遵留客的至诚情意。蔡邕听说王粲来访，倒穿了鞋子跑出去迎接，满座高朋叹服蔡邕尊重少年才子的真情；周公一次洗头，先后有三位客人求见，他曾三次挽起了头发，表示礼待贤士的真诚。陈蕃做豫章太守的时候，不多见客，惟独器重徐穉，专为徐穉设置一榻，徐去挂上，徐来下榻相迎，以示礼敬；孔子有一日到剡国去，在途中遇到程生，便把车盖倾侧下来，互相谈心。

【原文】

伯牙绝弦失子期，更无知音之辈；管宁割席拒华歆，谓非同志之人。分金多与，鲍叔独知管仲之贫；绨袍垂爱，须贾深怜范叔之窘。要知主宾联以情，须尽东南之美；朋友合以义，当展切偲之诚。

【译文】

钟子期死后，俞伯牙摔琴绝弦，不再奏高山流水，痛悼知音再难寻觅；管宁分割坐席与华歆绝交，说他贪财势利，并非志同道合的朋友。鲍叔和管仲患难之交，贫困时同做生意，每分红利，鲍叔都多给管仲，这是深知管仲的贫穷；战国时范雎在魏中大夫须贾手下做官，范雎被须贾毁谤，险些送命，逃往秦国改名张禄，官至丞相。后来，须贾出使来到秦国，范雎故意身穿破旧衣服去见须贾，须贾惊叹："范叔一寒至此"，脱下绨袍相赠，垂怜范雎窘迫的困境。要知道宾主往来，联接他们的是感情的纽带，应当尽量显示出东南人物的美好品德；朋友交好，维系他们的是"士为知己者死"的义气，应当展布恳切思勉的一片诚意。

【新增文】

仲尼老子，可谓通家；管子叔牙，可称知己。伯桃并粮于共事，甘殒流离；子舆裹饭于同侪，不忘贫贱。钤锤道义，向嵇偶锻于柳中；游戏文章，元白衔杯于花下。程普见容于周瑜，若饮醇醪自醉；周举得亲于黄宪，不披绵纩犹温。

【译文】

汉朝孔融少时，谒见李膺说，我是李府君通家，李膺问其缘由，融说，"先祖孔子，与李老君同德比义，而相师友。"这便是孔家同李家，可称累世通家了。齐国鲍叔牙和管仲交好，管仲曾说："生我者父母，知我者鲍子。"管鲍可以称得上是知己的朋友。

春秋时，羊角哀和左伯桃同到楚国去，道中遇上大雪，粮少衣薄，势难俱生。左伯桃把仅有的衣食留给羊角哀，自入空柳树中而死，这是左伯桃甘心在迁徙流离中殒命；子舆与子桑为友，连阴雨十日，知子桑无以为炊，便包裹了饭食亲自送去，这是不忘朋友的贫困处境。钤束是道，锤炼是义。如同嵇康和向秀两人，身披皎洁的月光，在枝繁叶茂的柳树下，相对打铁，磨炼性情；游戏文章，即兴作诗，元稹和白居易为友，举杯对酌于花下，写出："花时同醉破春愁，聊把花枝当酒筹"的诗句。

程普以年长，时常辱慢周瑜，而周瑜却大肚能容，不与他计较，日后程普便敬服了，说与周瑜交往，如饮多年的陈酒，不知不觉便沉醉了；周举和黄宪都是汉朝人，是最相亲近的朋友，周举说："我看见黄宪，即使风雪之中不穿丝绵绨袍，也有一种暖意。"

【原文】

贵贱不忘，素犬丹鸡定约；死生与共，乌牛白马盟心。面前便失人，刘巴不与张飞语；事后方思友，周颛还厘王导悲。吕安动遐思，千里命寻嵇之驾；子猷怀雅兴，三更泛访戴之舟。

【译文】

贵贱永不忘记，这是越人杀丹鸡白犬定下的誓言；一同死生，这是刘关张桃园三结义杀乌牛白马定下的誓言。三国蜀汉人刘巴认为张飞只是一个当兵的，所以不和张飞说话，这是刘巴当面失去了结识英雄人物的机会；晋朝时候，王敦造反，王导受到连累，去找周颛搭救，周颛口头上没有答应，只在暗中上表奏明王导是无罪的。王导因而得救，然而王导不知，心恨周颛。后来，周颛因事遭难，王导便坐视不救。周颛被杀之后，王导整理中书省的文件，看到周颛救自己的表章，才知当年拯救自己免遭杀身之祸的恰是周颛。王导暗中流泪，觉得实在对不起朋友，这是王导万分悲痛的原因。晋吕安钦佩嵇康的高风亮节，每动思念之情，即使关山迢递道路阻隔，也要命车驾去千里之外寻访；晋王子猷三更雪夜忽来稚兴，便驾小船远道去访戴安道。

【原文】

尹敏班彪，岂曰面友；山涛阮籍，是谓神交。孔融座中常满，必然有礼招徕；毛仲堂上全无，定是乏才感召。式饮式食，敢曰无鱼；必敬必恭，何尝叱狗。

【译文】

尹敏和班彪，常常论而忘食，从白天谈到夜晚，夜半谈到黎明，怎能说他们不是真诚相交的朋友呢；山涛和阮籍一样高才远识，虽初不相识，一旦相遇，便成为推心置腹的道义之交。孔融家常常高朋满座，是因为他有以礼相待、以诗相交招徕客人的本领；毛仲门可罗雀，无人来访，是因他少乏才具，没有感召他人的本领。如果孟尝君恭恭敬敬地用美味佳肴来款待客人，他的门客冯煖还会弹剑而歌"食无鱼"吗；古礼有"尊客之前不叱狗"的规矩，如果主人对客人必恭必敬，还会在客人面前喝叱自家的看门狗吗？

【原文】

韩魏公堂前有士，风流态度，得赠女奴；李文定门下何人，新巧诗联，乃逢天子。熊飞清渭逢何暮，无任凄怆；客有可人期不来，岂胜慨叹。

【译文】

宋朝宰相韩琦有个门客风流倜傥，一表人材，一日却翻墙出外宿娼，韩魏公知道后，作《种竹诗》警告士人说："殷勤洗濯加培植，莫遣狂枝乱出墙。"客见诗怕受惩罚，也作一诗向韩魏公求情，诗中有云："主人若也怜高节，莫为狂枝赠斧斤。"韩魏公见诗爱惜此人的才华，不但没有惩罚他，反而赠送他一个婢女；李文定的门下一人叫王奇汉，他把新巧的诗句贴在李文定的屏风上，文定死后，皇帝来吊唁，见屏风上诗云："雁声不到歌台上，秋色偏欺客路中"。龙颜大悦，马上召见，允许前去参加殿试，这是很难得的两次机遇。石曼卿的诗句"熊飞清渭逢何暮"，有着无尽的凄怆；陈师道的诗"客有可人期不来"，令人不胜慨叹。

婚 姻

新增文七联

【原文】

良缘由夙缔,佳偶自天成。蹇修与柯人,皆是媒妁之号;冰人与掌判,悉是传言之人。礼须六礼之周,好合二姓之好。女嫁曰于归,男婚曰完娶。婚姻论财,夷虏之道;同姓不婚,周礼则然。女家受聘礼,谓之许缨;新妇谒祖先,谓之庙见。

【译文】

美满的姻缘,是前世缔结的,佳妙的配偶,是上天结成的。蹇修和柯人,都是媒妁的称号;冰人同掌判,都是替未婚男女双方传达情意的人。礼节需要纳彩、问名、纳吉、纳征、请期、亲迎六礼周到,好合便是结合两家美好的姻缘。女子出嫁,叫做于归,男子结婚,叫做完娶。古来婚姻,男女择德为上,若要争论财礼,便是夷狄之邦的讲究;同姓本是一家,因而不许婚配,这是周公在周礼中定下的条例。女家收受男家的聘礼,叫做许缨;新妇去拜谒祖先,叫做庙见,是说在家庙相见。

【原文】

文定纳彩,皆为行聘之名;女嫁男婚,谓了子平之愿。聘仪曰雁币,卜妻曰凤占。成婚之日曰星期,传命之人曰月老。下采即是纳币,合卺系是交杯。执巾栉,奉箕帚,皆女家自谦之词;娴姆训,习内则,皆男家称女之说。绿窗是贫女之室,红楼是富女之居。桃夭谓婚姻之及时,摽梅谓婚期之已过。

【译文】

文定和纳彩,都是行聘的名目;女嫁男婚,便是了却汉代向子平所说的"人生志愿"。下聘的礼物,叫做雁币,是说男方到女家总要以大雁做礼品,娶妻卦卜的歌谣唱道:"凤凰于飞,和鸣锵锵。"所以卜妻又叫做凤占。成婚的日子叫做星期,传达两家命意的人,叫做月老。下采礼就是纳币,合卺是说新婚男女交换杯盏共饮喜酒,合为一体,荣辱与共,至亲至爱。执持巾栉,承奉箕帚,这是女家自己谦逊的说词;通晓《姆训》,熟习《内则》,这是男家称赞妻子的话语。唐代大诗人白居易作诗咏叹贫富女子的悬殊:"绿窗贫家女,衣上无珍珠。红楼富家女,金缕绣罗襦"。所以绿窗就成了贫女之室的代号,红楼就成了富女之居的代称。《诗经》有《桃夭》篇序中说,"男女以正,婚姻以时。"所以桃夭,是说婚姻正在良辰,《诗经》的《摽有梅》篇说"摽有梅,顷筐塈之",是说婚期已经错过。

【原文】

御沟题叶,于佑始得宫娥;绣幕牵丝,元振幸获美女。汉武与景帝论妇,欲将金屋贮娇;韦固与月老论婚,始知赤绳系足。

【译文】

唐代宫女韩翠萍执著于爱情的追求,十年幽思,脉脉含情,题诗红叶,放在御沟中,被士人于佑拾得而终成眷属;唐代宰相张嘉贞有五个女儿,欲纳荆州都督郭元振为婿,以绣幕做帐、丝线为媒,许愿"牵之便可为妇",郭元振牵一红丝线,得到宰相的第三个女儿,颇有姿色。汉武帝的父亲景帝代儿子张罗婚事,姑母长公主要把女儿阿娇许给武帝,汉武帝说:"若得阿娇,当以金屋藏之";唐朝的韦固遇到月下老人,共论人间婚事,老人说:"凡有姻缘的人,即使世代相仇,异域他乡,只要红绳系足,便不可违拗。"韦固始知"千里姻缘一线牵"。

【原文】

朱陈一村而结好,秦晋两国以联姻。蓝田种玉,伯雍之缘;宝窗选婿,林甫之女。驾鹊桥以渡河,牛女相会;射雀屏而中目,唐高得妻。至若礼重亲迎,所以正人伦之始;诗首好逑,所以崇王化之原。

【译文】

朱陈两姓曾一村而居,世代通婚,秦晋两国曾战争绵延而终以联姻通婚宣告和平。蓝田种玉,得徐氏美女,这是杨伯雍缔结美妙婚姻的缘分;唐朝宰相李林甫在堂屋墙壁上开一横窗,蒙上绛纱,凡有士子进谒,便让六位爱女在窗下选婿。架起鹊桥于天河,是为了牛郎织女渡河相会;射中了屏风上的雀目,唐高祖于是喜得爱妻。至于礼节上,最重要的是亲迎,因为亲迎是表正人伦的起始;《诗经》的首篇就吟咏"好逑",就是表明尊重婚姻这个王道教化的基础。

【新增文】

鱼水合欢,情何款密;丝萝有托,意甚绸缪。牵乌羊以为礼,自是古风;选碧鹳以成婚,正为佳匹。因亲作配,温峤曾下镜台;从简去华,仲淹欲焚罗帐。刘景择婚杜广,厩卒何惭;挚恂定配马融,门徒有幸。

【译文】

鱼水相合,欢娱惬意,这情致是何等的款曲亲昵;茑与女萝,恋恋地依托在常青松柏之上,这情意是何等的绸缪不舍。宋代的孔淳性情高洁,超凡脱俗,聘请好友王敬弘之女做儿媳,纳献的彩礼是一只乌羊和一壶水酒,他说古来的风尚是重人伦轻彩礼;唐朝韦诜选裴宽为婿,不重彩礼与权势,成婚之日,裴宽着一领碧衣,瘠面而长,族人呼为碧鹳雀,人们称作佳妙的婚配。因是旧亲,自荐为婿,晋朝的温峤以玉镜台为信物,向姑母的爱女求婚;愿从清俭,抛弃奢华,宋朝的范仲淹要用火烧儿媳的罗帐。唐朝刺史刘景为女择婿二十年,与马夫杜广一席谈,认为他是马厩中的骐骥,择为佳婿,杜广并不惭愧;汉代的马融从学于挚恂,挚恂器重他的才华,把女儿许配给他,这是门徒的荣幸。

【原文】

义重恩深,楚女因婚报德;情孚意契,汉君指腹连姻。贫乏奁仪、吴隐之婢卖犬;婿皆贤士,元叔之女乘龙。俊逸裴航,蓝桥捣残玉杵;风流萧史,秦楼吹彻琼箫。

【译文】

楚昭王的妹妹身遭战乱，大将钟建背负她出生入死，免于危难，为报恩义，昭王妹以身相许；汉光武帝与贾复情投意合，任为将军，听说贾复沙场战伤，其妇有孕，便指腹联姻，不令忧其妻子。贫困缺乏妆奁，吴隐遣婢女卖犬以充女儿的嫁资；女婿都是贤士，只有后汉太尉桓元叔的几个女儿，一嫁黄尚，一嫁李膺，这算得上是乘龙佳婿。潇洒俊逸的裴航，在蓝桥遇一老妪，用玉杵手捣琼浆，使女云英擎一瓯给裴航饮下，裴航即与云英成为仙侣；风流倜傥的萧史善吹箫，秦穆公把女儿弄玉许配给他，并专门给他们建筑楼台居住，夫妇二人在楼台上吹箫，引来凤凰，二人即乘凤飞升。

妇 女

新增文十五联

【原文】

男子禀乾之刚，女子配坤之顺。贤后称女中尧舜，烈女称女中丈夫。曰闺秀，曰淑媛，皆称贤女；曰闺范，曰懿德，并美佳人。妇主中馈，烹治饮食之名；女子归宁，回家省亲之谓。何谓三从，从父从夫从子；何谓四德，妇德妇言妇工妇容。

【译文】

男子属阳，义合乎乾卦，禀赋着阳刚之气。女子属阴，义合乎坤卦，具有柔顺的性格。贤德的皇后是女中尧舜，譬如宋朝高太后，她绝私恩，罢新法，任用司马光，贬黜吕惠卿等贪官污吏，天下称为女中尧舜。贞烈的女子，总有须眉气概，人多称是女中丈夫。闺秀和淑媛，都是称赞贤女之词；闺范同懿德，皆是颂美佳人之语。女子主持中馈，是说她主持烹治饮食的事务，女子归宁父母，是她回娘家省视双亲的称谓。什么叫三从，便是在家从父，出嫁从夫，夫死从子；什么叫四德，一要德行贞静，二要言语谨饬，三要女红勤慎，四要容貌清洁。

【原文】

周家母仪，太王有周姜，王季有太妊，文王有太姒；三代亡国，夏桀以妹喜，商纣以妲己，周幽以褒姒。兰蕙质，柳絮才，皆女人之美誉；冰雪心，柏舟操，悉孀妇之清声。

【译文】

周朝有几个国母可以为妇女的典范，太王有贤妃周姜，王季有贤妃太妊，文王有贤妃太姒；三代因宠姬而亡国，夏桀宠幸妹喜而亡夏，商纣王宠幸妲己而灭商，周幽王宠幸褒姒而毁周。鲍照作赋说："兰心蕙质，玉貌绛唇"，谢道韫咏雪诗道："未若柳絮因风起"，于是"兰蕙质"、"柳絮才"都成了女性的美誉；蒋顺怡的妻子周氏，不肯改嫁，作诗道："瑶池故冰雪，为妾作心肝"。卫共姜决心守义，写诗道："泛彼柏舟，在彼中河"，所以"冰雪心"、"柏舟操"，都是孀妇清白的名声。

【原文】

女貌娇娆，谓之尤物；妇容妖媚，实可倾城。潘妃步朵朵莲花，小蛮腰纤纤杨柳。张丽华发光可鉴，吴绛仙秀色可餐。丽娟气馥如兰，呵气结成香雾；太真泪红于血，滴时更结红冰。孟光力大，石臼可擎；飞燕身轻，掌上可舞。

【译文】

女人的容貌娇娆，便成为特别出众的尤物，而春秋晋国叔向的母亲曾说："尤物足以改变人的性情"；妇人的容颜妩媚，足以倾覆人们的邦国。汉武帝的侍臣李延年就曾作歌称赞自己妹妹殊美的姿色："北方有佳人，绝世而独立，一顾倾人城，再顾倾人国。"南齐东昏侯凿金为莲花贴地，令宠姬潘妃步行其上，称作步步生莲花，唐代白乐天的姬妾小蛮善歌舞，她的腰像杨柳一样纤细柔软，所以白乐天作诗说："杨柳小蛮腰。"陈后主的宠妃张丽华，发长七尺，光亮可以照人，隋炀帝称赞宠妃吴绛仙的姿色"可以疗饥"，真是秀色可餐了。汉光武帝的宫人丽娟，气息芳香，如同兰花，从口中呵出气来，便凝结成团团香雾；杨贵妃的眼泪，比血还要鲜红，点滴下地，便结成红色冰块。孟光的力气很大，连石臼都能举起；赵飞燕身轻如燕，在手掌心上都能翩翩起舞。

【原文】

至若缇萦上书而救父，卢氏冒刃而卫姑，此女之孝者。侃母截发以延宾，村媪杀鸡而谢客，此女之贤者。

【译文】

至于缇萦上书汉文帝，愿入宫为婢，以赎父罪，父亲因此得免肉刑。郑宗义的妻子卢氏，强盗抢劫家财，家人都躲避藏匿，惟有婆母年老而不能行，卢氏甘冒锋刃，护卫婆母，被贼鞭笞，几死不避，这是女人中——最仁孝的。陶侃的母亲听说范逵来访，家中贫寒，没有佳肴款待，便把自己头发剪下来，去换酒食。汉武帝微服私访，夜到柏谷村，村人都疑为盗贼，要想拘捕，惟有一老妇人说，这客不是常人，杀鸡谢冒犯之过。这是女人里最贤能的。

【原文】

韩玖英恐贼秽而自投于秽，陈仲妻恐陨德而宁陨于崖，此女之烈者。王凝妻被牵，断臂投地；曹令女誓志，引刀割鼻，此女之节者。

【译文】

汉朝韩仲成的女儿韩玖英遇见盗贼，恐被贼污辱，自投于粪坑中，以口饮秽，拒贼之辱。唐代陈仲的妻子随两位嫂嫂外出遇贼，恐遭奸污，愿留清白在人间，宁可坠崖而死，这是女人里最贞烈的。五代的王凝在虢州做官死了，他的妻子李氏携子扶柩归葬，中途投宿，被店主扯着胳臂推出门外，李氏大怒，当即拿起斧子割断手臂，投掷在地上；曹令女，是夏侯文宁的女儿，名令，嫁与曹文叔为妻，因曹文叔早逝，膝下无子，恐家人嫁己，用刀割掉自己的鼻子，誓不改嫁，这是女人里最有贞操的。

【原文】

曹大家续完汉帙，徐惠妃援笔成文，此女之才者。戴女之练裳竹笥，孟光之荆钗裙布，此女之贫者。

【译文】

班固的妹妹班昭嫁给曹世叔，早年守寡。班固著《汉书》，没有完成就死了，汉和帝下诏，命班昭续成，班昭屡次入宫，皇后贵人事奉她如同先生一般，所以人称曹大家（gū）。唐朝徐孝德的女儿名惠，八岁的时候，便提笔作成一篇文章，唐太宗听说后很是器重，召为才人，日后又立为妃子，这是女人里最有才能的。后汉的戴良有五个女儿，都十分贤惠，选择夫婿从不问身世的贵贱，独以贤德为重，到女儿出嫁时，戴良把熟丝做的衣裳，竹子做的箱子，木板做的鞋子作为嫁妆，送女儿出嫁。孟光嫁给梁鸿，钗是荆枝做的，裙是棉布做的，这是女人里最贫穷的。

【原文】

柳氏秃妃之发，郭氏绝夫之嗣，此女之妒者。贾女偷韩寿之香，齐女致祆庙之毁，此女之淫者。

【译文】

唐太宗赐给尚书任环两个美女，任环的妻子柳氏想烂去美女的头发，让她们变成秃子，难以取悦于任环。晋朝贾充的妻子郭氏生了儿子，令乳母抚养，日后郭氏怀疑贾充和乳母通奸，便杀死乳母，嗷嗷待哺的幼子也因思恋乳母身亡，贾充由此而断绝后嗣，这是女人里最嫉妒的。韩寿是贾充的下属，像貌俊美，贾充的女儿和韩寿私通，并把晋武帝赐给贾充的异香偷给韩寿，异香袭人，经月不散，贾充发觉后，恐家丑败露，就把女儿嫁给韩寿。北齐的公主同乳母陈氏子从小玩弄玉环相伴，陈氏子成人后，不准入宫，公主约他元旦那天在祆庙相会。陈氏子先到，熟睡不醒，公主后到，便把昔日玩弄的玉环投在陈氏子怀中愤然而去。陈氏子醒来后心如火燎，焚毁了祆庙，这是女人里最淫荡的。

【原文】

东施效颦而可厌，无盐刻画以难堪，此女之丑者。自古贞淫各异，人生妍丑不齐。是故生菩萨，九子母，鸠盘荼，谓妇态之更变可畏；钱树子，一点红，无廉耻，谓青楼之妓女殊名。此固不列于人群，亦可附之以博笑。

【译文】

东施貌丑，却偏要仿效西施抱病皱眉，实在令人生厌。无盐是齐宣王的王后，名叫钟离春，其丑无比，即便雕刻绘画出来，也叫人难以悦目，这是女人中最丑陋的。

自古以来，女人便有贞节的，有淫荡的，互不相同，人生来就有妍丽的，有丑陋的，也是参差各异。所以少年女子如活菩萨一样光彩照人，中年儿女环绕膝前如九子母，到老年容貌凋谢，或青或黑，如鸠盘荼。这是裴炎所说妇人的姿色变更起来的可怕；许子和入宫能变新声，自称是钱树子，刘郭诗写道："座上若有一点红，斗筲之器盛千钟"，苏五奴的妻子，有姿色、善歌舞，有人邀请，苏五奴就随而观之，人称她"无廉耻"。后来就把钱树子、一点红、无廉耻，作为对青楼妓女的别称，这等人原本不能排列在人群里，只可以附载在篇末，博取读者一笑罢了。

【新增文】

蔡女咏吟，曾传笳谱；薛姬裁制，雅号针神。蛾眉队里状元，崇嘏文章洒洒；红粉班中博士，兰英才思翩翩。城号夫人，牢不可破；军称娘子，锐而莫摧。

【译文】

蔡邕的女儿蔡文姬能够吟诗咏歌，曾经传下胡乐十八拍的笳谱；魏文帝的美姬薛灵芸，心灵手巧，昏夜不用灯烛，裁剪缝制立成，魏文帝送她"针神"的雅号。娥眉队里中过状元的，只有黄崇嘏，她的文章洒洒自如，一挥而就；红粉班中封过博士的，只有韩兰英，才思翩翩，不绝如缕。夫人城，说的是晋朝朱序镇守襄阳，被苻坚围困，朱序母亲韩氏登城远望，说："城西北角当先受敌"，便率婢女及城中民妇，另筑新城二十余丈，贼攻西北角，果然溃败，全军遂守新城，牢不可破；娘子军，是说唐高祖的女儿平阳公主嫁给柴绍，随父一同起兵，柴绍和平阳公主各领精兵，对等设置幕府，锐气莫当，坚不可摧。

【原文】

是谁佳冶唾如花，赵家飞燕；孰个娉婷颜似玉，秦氏文鸾。徐贤妃却天子召，露沁新诗；谢道韫解小郎围，风生雄辩。人说骊姬专国色，我云薛女是香珠。

【译文】

是谁容貌艳丽，口吐飞沫如石上生花，被称为石花广袖？只有赵家飞燕；又是谁亭亭玉立，婀娜妩媚？只有秦氏文鸾。有刘长卿的诗句为证："文鸾潇洒美如玉"。徐惠八岁能作文，后来做了唐太宗宠幸的贤妃，一日却拒绝皇上的召见，太宗震怒，徐贤妃作诗道："朝来临台镜，妆罢独徘徊。千金买一笑，一召岂能来。"对皇上的爱慕与娇嗔都流露渗透在新诗的字里行间。谢道韫听见小叔王献之与宾客谈论，眼看就要理屈词穷，她便自告奋勇要来替小叔解围。她垂下幕帐同宾客坐谈，果然雄辩风生。人们都说晋献公的妃子骊妃有倾国的美色，我说唐元载的侍妾薛瑶英，幼时吞过香丸，笑语都能生香，浑身如香珠子一样圆润细腻。

【原文】

慧姬振铎为严傅，颇称巾帼先生；老妇吹篪当健儿，须谓裙钗将士。看舞剑而工书字，必是心灵；听弹琴而辨绝弦，无非性敏。爱欲海，未可沉埋男子躯；温柔乡，岂应老葬君王骨。

【译文】

前秦韦逞的母亲宋氏慧颖超凡，她要传授父亲教给她的学业，在家中设立讲堂，摇着木铎，隔着布幔授讲学业，仿佛是严肃的师傅，这可称得上是巾帼先生；后魏河间王，有婢女朝云，能学姬吹篪，顶得上千万健儿，惊散羌人，这真是裙钗将士。晋卫夫人看人舞剑，从回环击刺的姿势中领悟了写字的妙诀，书法大为长进，这必定是心思灵巧；汉代蔡文姬七岁听父弹琴，一夜他父亲弹琴，弦断音绝，文姬即刻辨别出是第二根琴弦断了，这无非是性情灵敏。佛经上说的"爱欲海"，是说贪恋美色，告诫世人，情爱的海洋，不可以沉埋堂堂男儿的血肉之躯；汉成帝宠爱赵飞燕的妹妹赵合德，曾说："吾当老死温柔乡中"。国君应该日理万机，为民众谋福利，"温柔乡"，哪是老葬君王之骨的地方？

【原文】

还讶桃叶女，横波眼最好；更思孙寿娥，坠马鬓偏妍。李子豪雄，红拂顿生敲户念；寇公费用，蒨桃应有惜缣心。诗人老去莺莺在，情意绸缪；公子归来燕燕忙，私惊款洽。

【译文】

还得惊讶王献之的侍妾桃叶,会写诗献媚:"桃叶复桃叶,渡江不用楫。"含蓄地道出自己频送秋波,万般爱恋藏于其中的复杂心理;更思念梁冀的妻子孙寿娥,她发明的坠马髻的打扮,妍丽动人,媚态横生。李靖性情豪爽,仪表堂堂,杨素的伎女红拂对他一见倾心,夜半敲户来奔;寇莱公用度糜费,每伎一歌,便赠一匹丝帛,他的侍妾茜桃曾有两句诗说:"一曲清歌一束绫,美人何事意嫌轻",很有珍惜钱财的心意。唐朝崔氏女莺莺与元稹私通,后来元稹又抛弃了她,当元稹再度求访时,莺莺作诗拒绝,这情意是何等的殷切。汉成帝微行去见赵飞燕,有张公子同行,当时童谣唱道:"燕燕尾涎涎,张公时相见",这是说他们情投意合。宋代诗人张子野年老要买妾,苏东坡就用前朝故事为题材,作诗嘲笑他:"诗人老去莺莺在,公子归来燕燕忙。"

【原文】

端端体态果然端,皎皎姿容何等皎。语言偷鹦鹉之舌,声律动人;文章炫凤凰之毛,英华绝俗。可谓笑时花近眼,每看舞罢锦缠头。

【译文】

唐代的崔徽、张祐曾为妓女李端端题诗:"觅得骅骝披绣鞍,善和坊里觅端端"。李端端的行为举止,果然会因有这样的题诗而端正了吗?妓女阿软生一女,请诗人白乐天取名,白公说:"此女皮肤白皙,可呼曰皎皎。"岂不知这是白公在用古诗"皎皎河汉女"来讥刺阿软所生不知是谁家之女,哪里是真的在说她皮肤白皙呢。语言伶巧,好像是偷学了鹦鹉的舌头,那声音动人极了;文章绚丽,好像是凤凰的羽毛,那英华自然绝俗了。这源于唐朝元稹赠给名妓薛涛诗"言语巧偷鹦鹉舌,文章分得凤凰毛"。欢笑时像鲜花近在眼前,歌舞完毕把锦帛缠在头上,这出在唐朝诗人杜牧赠歌妓的诗:"笑时花近眼,舞罢锦缠头。"

外　戚

新增文十联

【原文】

帝女乃公侯主婚，故有公主之称；帝婿非正驾之车，乃是驸马之职。郡主县君，皆宗女之谓；仪宾国宾，皆宗婿之称。旧好曰通家，好亲曰懿戚。冰清玉润，丈人女婿同荣，泰水泰山，岳母岳父两号。新婿曰娇客，贵婿曰乘龙。赘婿曰馆甥，贤婿曰快婿。凡属东床，俱称半子。

【译文】

帝女，由公侯主持婚姻，所以有公主的称呼，帝婿，在天子出行时，只能坐侍从车辆，驸马的职分，也是掌副车之马，魏晋以后，帝婿一般都加驸马都尉的称号，简称驸马。郡主县君，都是皇帝宗室女儿的称谓；仪宾国宾，又是同宗女婿的称呼。旧时交好的叫通家，交好的亲戚叫懿戚。晋朝的卫玠，同妻父乐广，都很有名望，人称翁为冰清，婿为玉润，冰清玉润是说丈人女婿同获殊荣。泰山之巅有丈人峰，是东岳著名的山峰。所以泰山泰水，是对岳父岳母的尊称。新招的女婿，叫做娇客，尊贵的女婿，叫做乘龙。招赘的女婿，叫做馆甥。贤才的女婿，让人心中快慰，所以叫做快婿，东床是女婿的别称，凡是女婿，又都可以称作半个儿子。

【原文】

女子号门楣，唐贵妃有光于父母；外甥称宅相，晋魏舒期报于母家。共叙旧姻，曰原有瓜葛之亲；自谦劣戚，曰忝在葭莩之末。

【译文】

唐玄宗册立杨贵妃时,民间流传:"男不封侯女作妃,君看女郎为门楣"的歌谣,是说杨玉环这一民间女子尚可光耀父母。外甥又称宅相,晋朝的魏舒,抚养在外家,一日外家起宅,相宅者说:"当出贵甥",魏舒便自负地说:"当为外家成此宅相"。这是期望报答母家的由衷之言。彼此共叙旧时的姻亲,便说原有瓜葛般的亲戚;葭莩是芦苇茎内的薄膜,与芦苇关系淡薄。对亲戚自谦,便说忝在葭莩之末。

【原文】

大乔小乔,皆姨夫之号;连襟连袂,亦姨夫之称。蒹葭依玉树,自谦借戚属之光;茑萝施乔松,自幸得依附之所。

【译文】

三国时的孙策娶大乔,周瑜娶小乔,后人便把大乔小乔作为姨夫的名号;李晋卿有两个女儿,长女配王乐道,次女配滕元发,二人马上联合为襟袂,相继入翰林。所以,连襟连袂,也是姨夫的别称。魏明帝让皇后的弟弟毛曾和夏侯玄共坐,毛曾仪貌不扬,夏侯玄堂堂一表,当时人称谓"蒹葭倚玉树"。后来人们自谦地说这句话,是比喻假借了亲戚的光辉。《诗经》上说:"茑与女萝,施于松柏",比喻人有所攀附,后来人们说这句话,往往表达自我庆幸有了依靠的意思。

【新增文】

卢李之亲,苏程之戚。王茂弘呼何充以麈尾,杨沙哥引崔嫂以油幢。林宗贷钱,宁以贫穷为病;彦达分秩,不将富贵自私。

【译文】

卢纶是李益的内兄弟,苏轼和程德孺,是表兄弟的关系。王茂弘早年做了显赫的大官,他的妻侄何充去看望他,王茂弘用拂尘指床,招呼何充共坐,说:"此乃君座也。"杨汝士去就任东川地方官时,他的妹夫白乐天,代妻子做诗称贺兄嫂,曾有两句:"何似沙哥领崔嫂,碧油幢引向东川。"郭林宗家里十分贫穷,无力求学,曾向他的妹夫借钱五千,从师学业,难道能以贫穷为缺点、错误吗;庚彦达做益州刺史,带姐同往，并且分一半俸禄给她做日常生活费用，这是不把富贵占为己有。

【原文】

直卿果重亲情，相邀会食；潘岳能敦戚谊，每令弹琴。中子执内弟之丧，行冲称外家之宝。骑驴以追姑婢，仲容不顾居丧；披扇而笑老奴，温峤自为媒妁。

【译文】

黄直卿将亲戚情谊看得很重，曾招他内弟郑子恭，并约叶氏外家兄弟数人，备办酒食，聚在一起宴饮联欢。阮瞻读书不甚研究，惟善弹琴，内兄潘岳忠实于亲戚之间的友谊，每和阮瞻相见，总要请他弹琴，认真倾听，毫无倦意。文中子是隋朝的王通，他操持内弟的丧务，不饮酒食肉。元行冲看见他表弟韦述能读书作文，便称赞韦述是外家的宝贝。阮仲容先前同他姑母的婢女情意缠绵，后来他姑母要远行，带走了婢女，阮仲容便不顾身居母丧，穿着孝服，借驴去追回婢女。温峤的姑母有个女儿，嘱温峤为女儿做媒，温峤有自婚之意，便对姑母假说有个门当户对的人，并以玉镜台一枚做聘礼，到成婚的时候，新妇手披纱扇，半遮娇羞的面孔，笑道："我早就怀疑到新郎官就是你这老奴！"

【原文】

介妇冢妇，不敢并行；先生后生，原为同出。智能散宝，为侄弃军；兆卜张弧，因姬遣嫁。

【译文】

介妇是次媳，冢妇是长媳，介妇遇着冢妇，自然要分出伦理次序，所以内则说："不敢并行"；古代妾媵相称，先生为姒，后生为娣，因为同事一夫，所以叫做同出。汉朝的吕禄要弃军出逃，他的姑母是樊哙的妻子，取出所有的珠宝玉器抛散在堂上，说道："你不要为他人镇守军营了。"这是以自己的聪明才智散尽珠宝，激侄守军；兆卜张弧，伯姬遣嫁，是说当初晋献公嫁女儿伯姬到秦国，遇归妹之睽。史苏占之曰："不吉，归妹睽孤，冠张之弧，侄从其姑。"后果然应验。晋惠公（伯姬之弟）四年，晋国发生饥荒，向秦国求救，缪公听从百里奚的意见，说："其君是恶，其民何罪"，借粮给晋。晋惠公五年，秦饥，向晋借粮，晋惠公用虢射之计，认为是上天让其灭秦的时机，非但不援助粮食，反而发兵伐秦。秦缪公大怒，率兵抵御，反获晋君而归。晋君姐为缪公夫人，披麻带孝向秦缪公求情，不要灭掉晋国。缪公无奈，与晋侯盟于王城，才放他回国。晋惠公八年，使太子圉为人质，前往其姑母伯姬（秦缪公夫人）所在的秦国。这便是"冠张之弧，侄从其姑"的由来。

【原文】

聂政非无贤姊，屈平亦有女婆。莫嫌萧氏之姻，宜学郝家之法。

【译文】

聂政替严仲子刺死了韩相侠累，自己毁容剖腹自杀了，韩国取政尸暴于市，言"有能认出杀侠累的人，当赏千金。"聂政的姐姐聂嫈伏尸痛哭，说："我怎能怕杀身之祸而埋没弟弟的英名！"悲怆之极，死在聂政尸旁。屈原的《离骚》上说过："女婆之婵媛兮，申申其詈予"。也是感念他姐姐谆谆教诲的恩德。唐高宗的皇后因为薛颙的妻子萧氏，不是贵族人家，要赶出皇宫，有人说道，萧氏是萧瑀的侄孙女，也算是皇家的姻亲，不要嫌弃她。晋朝王浑的妻子是钟氏，王湛的妻子是郝氏，妯娌二人都有贤德，时人称说钟夫人的礼，郝夫人的法，都是应当学习的。

老幼寿诞

新增文十二联

【原文】

不凡之子,必异其生;大得之人,必德其寿。称人生日,曰初度之辰;贺人逢旬,曰生申令旦。三朝洗儿,曰汤饼之会;周岁试周,曰晬盘之期。男生辰曰悬弧令旦,女生辰曰设帨佳辰。贺人生子,曰嵩岳降神;自谦生女,曰缓急非益。生子曰弄璋,生女曰弄瓦。

【译文】

不是凡夫俗子,他的出生,必然奇异;有大德行的人,他的寿命必定很高。称呼别人的生日,说是"初度"良辰;庆贺人年龄逢十,便说是生申令旦。三朝洗儿,请亲友宴饮,叫做汤饼会;周岁做周,用盘托出珍宝玩物,所以叫晬盘之期。《礼记》上说:"生男孩悬桑弧于门左,生女孩设帨巾于门右。"所以男子的生辰叫做悬弧的令旦,女子的生辰,叫做设帨的佳辰。庆贺人家生男孩,便说是嵩岳降下神灵;自己谦说生了女儿,就说是遇事毫不顶用。古人让男孩玩耍圭璋,以比美德,所以生男孩时叫弄璋,让女孩玩耍纺锤(即瓦),象征长大后从事纺织,所以生女孩时叫弄瓦。

【原文】

梦熊梦罴,男子之兆;梦虺梦蛇,女子之祥。梦兰叶吉,郑文公妾生穆公之奇;英物称奇,温峤闻声知桓温之异。姜嫄生稷,履大人之迹而有娠;简狄生契,吞玄鸟之卵而叶孕。麟吐玉书,天生孔子之瑞;玉燕投怀,梦孕张说之奇。

【译文】

古人迷信,认为梦见熊罴这些阳性事物,就是生男孩的预兆;梦见虺蛇这些阴性事物,就是生女儿的祥瑞。梦见仙人飘飘而来,送一束兰花,是郑文公的妾燕姞生穆公的奇事;精英人物生来都称得上奇特,例如:桓温出生未满月,温峤听到他的哭声就夸他不同凡响,说他日后定是个了不起的伟人。姜嫄生后稷是因为踩了大人的脚印而怀孕的;简狄生契,是因为误吞玄鸟蛋而有妊娠。麒麟吐出玉刻的书来,上有"水精之子,继衰周而为素王",这是天生孔子的瑞应;梦见玉燕翩翩入怀,是诞生张说的传说。

【原文】

弗陵太子,怀胎十四月而始生。老子道君,在孕八十一年而始诞。晚年得子,谓之老蚌生珠;暮岁登科,正是龙头属老。贺男寿曰南极星辉,贺女寿曰中天婺焕。松柏节操,美其寿元之耐久;桑榆晚景,自谦老景之无多。矍铄称人康健,聩眊自谦衰颓。黄发儿齿,有寿之征;龙钟潦倒,年高之状。日月逾迈,徒自伤悲;春秋几何,问人寿算。

【译文】

汉武帝的弗陵太子,在娘胎中孕育十四个月才产出;老子道君,在母腹里孕育八十一年才诞生。后汉孔融羡慕韦端的两个儿子俱有才学,说"不意双珠竟出老蚌。"后人就把晚年生子,叫做老蚌出珠;八十二岁的梁灏中状元后写下"也知年少登科好,怎奈龙头属老成"的谢恩诗句。祝贺男子高寿就说南极星大放光辉,祝贺女人高寿就说婺女星焕发异彩。说他人有松柏的节操,岁寒不凋,是赞美此人寿命长久;说自己像桑树榆树上的太阳光,这是自己谦说活在世上的日子不多了。"矍铄",是称赞别人身体健康的话,"耳聋眼花",是自谦身体衰弱。黄头发、小儿齿,都是老人高寿的征兆;摇摇晃晃、懒懒散散、拖拖沓沓,是年迈体衰的状态。说时光已经流逝、岁月不堪回首,这是自己的徒然伤悲;您老春秋几何?这是问人多大岁数。

【原文】

称少年曰春秋鼎盛,羡高年曰齿德俱尊。行年五十,当知四十九年之非;在世百年,哪有三万六千日之乐。百岁曰上寿,八十曰中寿,六十曰下寿。八十曰耋,九十曰耄,百岁曰期颐。童子十岁就外傅,十三舞勺,成童舞象;老者六十杖于乡,七十杖于国,八十杖于朝。后生固为可畏,而高年尤是当尊。

【译文】

称赞别人年纪小,就说正是春秋鼎盛的年华。羡慕老人年纪大,就说年龄德行都很崇高。蘧伯玉行年五十岁,能知道四十九岁以前的过失;人生在世一百年,哪能三万六千日天天都快乐呀!一百岁是上寿,八十岁是中寿,六十岁是下寿。八十岁叫做耋,九十岁叫做耄,一百岁叫做期颐。《礼记》上说:"小孩子长到十岁就让他们到外面拜师学习。居宿于外,学书习礼。十三岁学乐、诵诗、舞勺。十五岁舞象,学射御。"至于老年人,六十岁的可以拄杖在乡里当参谋,七十岁的可以拄杖在国都当参议,八十岁的可以拄杖在朝廷当顾问。后来出生的人,前途未可限量,固然令人敬畏佩服,而那些年高的老人,经验丰富,学识渊博,更应当受到尊敬。

【新增文】

漫道豫章之小,已具栋梁之观。项橐童牙作师,却知学富;甘罗孱口为相,勿论年稚。列俎豆而习礼仪,孟氏冲年乃尔;执干戈以卫社稷,汪踦小子能然。寇公七岁咏山,已卜具瞻气象;司马五龄击瓮,即占拯溺才猷。

【译文】

袁粲年幼的时候,王俭夸奖他:"松柏豫章的树苗虽小,实有栋梁之用",这是说别看他年纪小,已具备栋梁之材的基本素质了。项橐七岁的时候,便做了孔子的先生,是凭借丰富的才学;甘罗十二岁,奉秦王之命出使赵国,凭借他孱弱的口才,居然做了秦国的宰相,不能因他年纪幼小就加以轻视。列俎豆、习礼仪,这是孟轲年幼时,住在学舍旁边，与小孩们嬉戏玩耍的"节目"。春秋时候，齐国伐鲁，鲁国的童子汪踦挺身而出，战死于郎。孔子赞扬他能"执干戈以卫社稷。"寇准七岁作诗咏华山："只有天在上，更无山与齐。举头红日近，回首白云低。"他的先生便预见到，将来百姓都要瞻仰他的气象了。司马光五岁时，和一群小孩嬉戏，一个小孩落进水缸中，群儿惊走，他却用石头砸破水缸，救出小孩。这就展示出他将来能拯救人民于水深火热之中的才能。

【原文】

步处敏于诗，我道公权过子建；座间言自别，人称谢尚是颜回。勿谓卢家儿，案上翻残墨汁；尚嘉羊氏子，桑中探出金环。亩丘人问年不少，绛县老历甲何多。

【译文】

柳公权十二岁的时候，三步能成诗句，大家说他思维敏捷，胜过七步成诗的曹子建；谢尚八岁的时候，在陪客的坐席上，言语风趣奇特，大家都称他是当代的颜回。卢仝示子诗写道："忽来案上翻残墨，涂抹新诗如老鸦"，诗中小儿好奇好学的现象是不必责怪的；还可嘉许的是羊氏的儿子，他五岁的时候在园中玩耍，向乳母索取所玩的金环，乳母说："你何曾有过这种玩物？"羊氏子便到邻人李氏东园的桑树林中寻来此物，李氏大惊道："此乃已死之子所丢物件。"人们说李氏子是他的前身。齐桓公见亩丘人的年纪都很大，问道："你有多大年纪了？"回答："八十三了。"绛县的老人说："臣生之岁，正月甲子朔，四百又四十五甲子矣。"这个绛县老人经历的甲子为何如此之多呢？

【原文】

函谷跨牛，李耳演道德五千之秘；渭川跃鲤，子牙钓乾坤八百之秋。是谁运动老阳，生子却无日影；若个学成玄法，烧丹剩有霞光。

【译文】

周末，老子骑着青牛过函谷关，有个关吏叫做尹喜的早就在那里敬候他，老子便把他论述的计有五千言的《道德经》这部奇书传授给他；姜子牙在渭水河畔垂钓，周文王拜为尚父，为周朝统一天下八百年奠定了基础。汉朝陈留有个富翁，年届九十，又娶个女人，生下一子，他的长子为争家产，说这个小儿子不是父亲亲生的，诉讼到官。丞相丙吉说："听说真人无影，老阳子在日中行走亦无影，且不耐寒。"唤来同龄小儿都裸体站在盛夏八月的阳光下，独此小儿哭泣叫冷，又让他们并行日中，独此小儿无影，这是谁操纵的呢？淮南王刘安爱道术，有八位老人授他丹经，他炼丹服下，果然成仙而去，剩下来的丹鼎，在庭前还现出霞光来。

【原文】

荣启期能扩襟怀，行歌乐土；疏太傅乞归骸骨，饮饯都门。猃狁侵周，方叔迈年奏三捷；先零叛汉，充国颓龄请一行。李百药才新而齿则宿，卢蒲嫳发短而心甚长。

【译文】

荣启期能够开扩胸襟，他曾鼓琴歌唱道："为人是一乐，为男是二乐，年有九十五是三乐。贫者士之常，死者人之终。吾何忧哉。"真是看破红尘，自寻乐趣，悟尽人生沧桑。疏广做太傅，他的侄子做少傅，共同上表乞骸骨归家，老百姓钦佩他们的清廉从政，仕宦终身却一无所有，纷纷在城门外办酒，为他们饯行。猃狁来侵犯周朝，年迈的老将方叔前去征伐，一个月里曾三次向朝廷进奏战争捷报；先零羌反叛汉朝，七十多岁的老将赵充国不顾年迈，愿请缨直捣金城，捉拿叛贼。唐朝的李百药七十岁时作帝京赋，皇帝阅后甚喜，说他"年龄虽老才甚新。"春秋时齐国的卢蒲嫳作乱，被齐侯流放到莒城。后来齐侯到莒城打猎，卢蒲嫳求见齐侯，哭泣说："我的头发如此短少了，还能有什么作为呢？把我放回去吧。"齐侯回家对儿子说了，儿子子雅说："不能放，他头发虽短而心思却甚长呢。"

身　体

新增文十三联

【原文】

百体皆血肉之躯，五官有贵贱之别。尧眉分八彩，舜目有重瞳。耳有三漏，大禹之奇形；臂有四肘，成汤之异体。文王龙颜而虎眉，汉高斗胸而隆准。孔圣之顶若圩，文王之胸四乳。周公反握，作兴周之相；重耳骈胁，为霸晋之君。此皆古圣之英姿，不凡之贵品。

【译文】

人的身体虽然有许多部位，无非是血肉组成的躯干。人的五官虽然原本相同，却也有贵贱贫富的区别。唐尧的眉是分开的，呈八字光彩，虞舜的眼睛是独特的，有一对重叠的眸子。耳朵有三个孔漏，是大禹的奇形；臂有四折的肘腕，是成汤的异体。周文王有龙一样的额头，虎一般的眉毛，汉高祖的胸脯宽阔，鼻梁高耸。孔子的头顶凹陷，文王胸前有四乳。周公的手能反握，是兴周的宰相。晋文公重耳的肋骨骈联，他使晋国成为霸主。这都是往古圣人的英姿，不是凡人所能具备的，所以是贵重的品貌。

【原文】

至若发肤不可毁伤，曾子常以守身为大；待人须当量大，师德贵于唾面自干。谗口中伤，金可铄而骨可销；虐政诛求，敲其肤而吸其髓。受人牵制曰掣肘，不知羞愧曰厚颜。好生议论，曰摇唇鼓舌；共话衷肠，曰促膝谈心。怒发冲冠，蔺相如之英气勃勃；炙手可热，唐崔铉之贵势炎炎。

【译文】

至于身体头发肌肤,受之父母,不敢毁伤,这是《孝经》上的话,而孟子认为,人应当以守持身心为大事。待人接物,气量要大,即使别人唾在脸上,也不应拭擦,而让它自干,这是娄师德所崇尚的。多数人的谗言,能使金子熔化,许多人的毁谤,骨殖也可销毁;暴虐的政事,苛求百姓,连肌肤都能被它剥光,骨髓也能被吸尽。受人家牵制,叫做掣肘,不知道羞耻惭愧,叫做厚颜。好发表议论,叫摇唇鼓舌;彼此共叙衷肠,叫促膝谈心。怒发顶起帽子,这是蔺相如到秦国,夺回和氏宝璧的勃勃英姿;火焰烫手,比喻唐朝崔铉等权势之盛,咄咄逼人。

【原文】

貌虽瘦而天下肥,唐玄宗之自谓;口有蜜而腹有剑,李林甫之为人。赵子龙一身都是胆,周灵王初生便有须。来俊臣注醋于囚鼻,法外行凶;严子陵加足于帝腹,忘其尊贵。久不屈兹膝,郭子仪尊居宰相;不为米折腰,陶渊明不拜吏胥。

【译文】

自己的面貌虽然枯瘦了,天下百姓却能肥胖起来,这是唐玄宗廉洁从政,一心为民的临镜自慰;满口甜言蜜语,腹中却藏着阴险的利剑,随时准备杀人,这是唐朝李林甫的为人。赵子龙曾率兵数十,抵抗曹操的大军,刘备叹服称赞:"子龙一身都是胆啊。"周灵王初生的时候,上唇便有胡须,当时便有"髭王"的称号。来俊臣是唐朝有名的酷吏,曾用醋注灌在囚犯的鼻孔里,这不是执法行凶吗?严子陵同汉光武帝少时同游太学,光武即位,子陵遁隐,后来请了三次才到,同榻而眠,子陵夜半竟把双脚架在光武腹上,把帝王的尊贵都忘了。唐朝的田承嗣随安禄山起兵反唐,见到宰相郭子仪派来的使者,田承嗣望西跪拜说:"此膝不屈于人已十年了,今天因尊重宰相而拜";晋朝陶渊明做彭泽县令八十日,一天,上官差督邮至县,按常规县令要跪拜出迎,渊明说道:"我岂能为五斗米而折腰。"遂辞官归隐,不肯下拜胥吏。

【原文】

断送老头皮,杨璞得妻送之诗;新剥鸡头肉,明皇爱贵妃之乳。纤指如春笋，媚眼若秋波。肩曰玉楼，眼名银海；泪曰玉箸，顶曰珠庭。歇担曰息肩，不服曰强项。

【译文】

杨璞是个隐士，一日被宋真宗召了去，临行，他的妻子送他一诗："更无落魄贪杯酒，切莫猖狂爱作诗。今日捉将官里去，这回断送老头皮。"杨贵妃出浴后，对镜梳妆，腰裙露一乳，唐明皇抚爱拨弄道："软温新剥鸡头肉。"手指纤细，像春天的竹笋一样，王履道有诗云："供盘春笋杨妃指，荐酒江螯西子唇。"目光流盼，像秋水的清波一样，苏东坡有诗道："佳人未肯回秋波，幼舆欲语妨飞梭。"肩叫玉楼，眼叫银海，苏东坡曾有诗云："冻合玉楼寒起粟，光摇银海眩生花。"眼泪叫做玉箸，是说魏朝甄皇后面部皮肤白皙，泪双垂如玉箸一样。头顶叫做珠庭，是说唐朝李绛有贵人相，李班见他后说："日角珠庭，非庸人相。"暂歇负担，是使肩膀休息，所以叫做息肩。不肯服从，就把颈项挺起，所以叫做强项。

【原文】

丁谓与人拂须，何其谄也；彭乐截肠决战，不亦勇乎。剜肉医疮，权济目前之急；伤胸扪足，计安众士之心。汉张良蹑足附耳，东方朔洗髓伐毛。

【译文】

丁谓做参政的时候，与宰相寇准同在中书衙门内共饮，寇准的胡须被菜汤污染，丁谓起身用手替寇准拂去，这是何等谄媚；北齐的彭乐同周文酣战，被刺中腹部，肚破肠出，他便用刀将肠截断，再和周文决战，这是何等英勇！剜掉好肉，去医治疮伤，这是权且救济燃眉之急的法子；被项羽射中，伤了胸膛，却用手捂住脚趾呼痛，这是汉高祖刘邦安抚众将士的巧计。汉高祖因为韩信要做假齐王而大怒，张良立刻踩高祖的脚示意，附耳低语，高祖便立刻封韩信做了齐王，这是刘邦笼络大将的心计。东方朔有神仙的法术，他在海边听见黄眉翁说，他三千年一返骨洗髓，二千年一剥皮伐毛。

【原文】

尹继伦,契丹称为黑面大王;傅尧俞,宋后称为金玉君子。土木形骸,不自妆饰;铁石心肠,秉性坚刚。叙会晤曰得挹芝眉,叙契阔曰久违颜范。请女客曰奉迓金莲,邀亲友曰敢攀玉趾。侏儒谓人身矮,魁梧称人貌奇。龙章凤姿,廊庙之彦;獐头鼠目,草野之夫。恐惧过甚,曰畏首畏尾;感佩不忘,曰刻骨铭心。

【译文】

尹继伦在徐河打败契丹,溃散的逃兵说:"千万要躲避那个黑面大王";傅尧俞做侍郎的时候,上朝奏事,直言敢谏,从不溢美隐恶,太后曾夸他说:"傅侍郎是金玉君子。"晋朝的嵇康,身长七尺八寸,他的形体天然好看,不比那泥塑木雕,要妆点修饰。唐朝的宋璟为人很正直,从不枉法徇私,有人说他是铁石心肠,其实这是刚强坚毅,秉性正直的表现。叙说和人会晤,便说是得以拜见大放芝采的眉宇。叙说和人阔别,便说是久违给大家做楷模的容颜。请女客,叫做奉迎金莲,邀请亲友,叫做敢攀玉趾。侏儒,是说人身体矮小。魁梧,是称人状貌奇伟。一个人有神龙的风采,有凤凰的姿容,这是朝廷里治国安邦的奇才;一个人有像獐的头,如鼠的眼,这是草野间作奸犯科的愚夫。恐惧到极点,便是向前畏首,后退畏尾;感恩戴德,永不忘记,便说刻在骨上,铭在心上。

【原文】

貌丑曰不扬,貌美曰冠玉。足跛曰蹒跚,耳聋曰重听。期期艾艾,口讷之称;喋喋便便,言多之状。可嘉者小心翼翼,可鄙者大言不惭。腰细曰柳腰,身小曰鸡胁。笑人齿缺,曰狗窦大开;讥人不决,曰鼠首偾事。

【译文】

相貌丑陋,叫其貌不扬,春秋时叔向对叛蔑说过这话。面貌姣好,叫做面如冠玉,因为汉朝人对陈平有"美如冠玉"的形容。两脚偏跛的,叫做蹒跚,耳聋不聪的,叫做重听。汉朝周昌口吃,曾说:"臣口不能言，然臣期期知其不可。陛下虽欲废太子，臣期期不奉诏。"三国时邓艾口吃，司马昭和他开玩笑说："你总自称艾艾……到底有几个邓艾？"所以期期艾艾，就都成了口吃的称谓。喋喋同便便，都是话多的状态。可以嘉许的，是那些小心谨慎、恭慎不躁的人；令人鄙恶的，是那些言大自夸、不知惭愧的人。细弱的腰，同纤软的柳条一样，所以叫做柳腰。渺小的身体，筋骨是脆弱的，所以叫做鸡肋。嘲笑他人的牙齿缺落，说是狗洞大开；讥刺人不能决断，便比喻为鼠首两端，犹豫不决，最终败事。

【原文】

口中雌黄，言事而多改移；皮里春秋，胸中自有褒贬。唇亡齿寒，谓彼此之失依；足上首下，谓尊卑之颠倒。所为得意，曰吐气扬眉；待人诚心，曰推心置腹。心慌曰灵台乱，醉倒曰玉山颓。

【译文】

信口雌黄，是说人处理事情言而无信，朝令夕改；皮里春秋，是说人心中有数，嘴上不轻易道人短长，心里却有着褒与贬的定评。嘴唇没有了，牙齿自然觉得寒冷。《左传》记载，晋国要借虞国的道路去讨伐虢国，大夫宫之奇便用这个简单的道理向虞君进谏说："虢，虞之表也。唇亡则齿寒。"说明彼此之间将会失掉依靠。"足反居上，首反居下"，这是《治安策》里的两句话，比方人被倒悬，后来用以比喻尊卑不分。所做的事情，能够称心如意，这便是唐代李白说的"吐气扬眉，激昂青云"。待人要诚心，这是宋太祖说的"朕推赤心置人腹中"，算得上是极诚恳的。灵台，是心的别名，语出庄子"万恶不可纳于灵台"，所以心中恐慌，叫做灵台紊乱；酒后醉倒，叫做玉山倾颓。这是晋朝山涛说嵇康"其醉也如玉山之将颓"。

【原文】

睡曰黑甜，卧曰息偃。口尚乳臭，谓世人年少无知；三折其肱，谓医士老成谙练。西子捧心，愈见增妍；丑妇效颦，弄巧反拙。慧眼始知道骨，肉眼不识贤人。婢膝奴颜，谄容可厌；

胁肩谄笑，媚态难堪。忠臣披肝，为君之药；妇人长舌，为厉之阶。

【译文】

睡意酣畅，叫做黑甜，卧在床上，叫做息偃。口里还有母乳的气味，是说人生在世，正当少年，阅历尚浅，还算不上有知识；三次折断肱臂，是说有经验的医生，算得上老成练达、精通医道。西施生来是美女，她虽有心疾，但用手去捧，更觉得妩媚可爱；那丑妇也要仿效她皱着眉头，使得人人生厌，岂不是弄巧成拙？敏锐的眼光，才能认识人的清高本质，凡夫的肉眼，总不认识那俊美贤才。婢仆的足膝，总是向人跪拜，奴隶的容颜，是千方百计地曲意逢迎，这种谄媚的面貌，实在令人厌恶；见人耸起两肩，弓着腰背，脸带谄笑，满口奉承，这种谄媚的态度，实在使人难堪。"良药苦口利于病，忠言逆耳利于行。"忠臣议政，总是披露肝胆，直言相谏，真可做国君的药石；妇人长舌多言，容易坏事，实在是祸患的阶梯。

【原文】

事遂心曰如愿，事可愧曰汗颜。人多言曰饶舌，物堪食，曰可口。泽及枯骨，西伯之深仁；灼艾分痛，宋祖之友爱。唐太宗为臣疗病，亲剪其须；颜杲卿骂贼不辍，贼断其舌。

【译文】

做事称心，叫做如愿。庐陵有个商人叫欧明，在青草湖遇到了湖神，送给他一个名叫如愿的婢女，想要的东西都能如愿以偿，家道因此而日渐殷实。遇事觉得惭愧，叫做汗颜。韩愈《祭柳子厚文》有"不善为斫，血指汗颜。巧匠旁观，缩手袖间。"人的言语太多，叫做饶舌，食物的味道甘美，叫做可口。周文王凿池得枯骨，令吏深埋，天下人都说："西伯泽及枯骨，而况人乎！"这是赞美周文王深广的仁慈；赵匡义染疾灼艾治疗，宋太祖也灼艾灸身，分担弟弟的痛苦，可见宋太祖友爱的情深。唐太宗听说李勣有病，药引需用龙须，便亲自剪下一绺胡须，为他配药治病；颜杲卿做常山太守，城破被俘，他英勇不屈，骂不绝口，逆贼安禄山竟把他的舌头割断了。

【原文】

不较横逆，曰置之度外；洞悉虏情，曰已入掌中。马良有白眉，独出乎众；阮籍作青眼，厚待乎人。咬牙封雍齿，计安众将之心；含泪斩丁公，法正叛臣之罪。掷果盈车，潘安仁美姿可爱；投石满载，张孟阳丑态堪憎。

【译文】

不计较那些强暴不顺理的事情，便说是置之度外。洞悉敌方的战势、兵情，便说是已在我掌握之中。马良字季常，眉间有白毫，兄弟五人，并有才名，乡里俗谚说："马氏五常，白眉最良"，这是说他的才能高出众人；阮籍能作青白眼，见俗客则对以白眼，阮籍居母丧，嵇喜往吊，阮籍作白眼，嵇喜的弟弟嵇康挟琴执酒而来，籍大悦，便作青眼厚待。雍齿和汉高祖有故怨，数次当众羞辱刘邦，高祖为此而耿耿于怀，论功行赏时，刘邦却咬牙先封雍齿为什邡侯，这是安抚众将帅不要在功成受赏时出现叛逆的策略；丁公是项羽的大将，曾在彭城放走刘邦，日后丁公引兵来投，刘邦却说："为项王臣，不忠。"含泪将丁公斩首示众，这是在为肃整军威、严惩叛臣立法。潘安仁姿容很美，每到街市上，许多妇女出于爱慕之心，向他投掷佳果，满载而归；张孟阳丑陋出奇，每到街市，许多小孩便向他投掷瓦石，满满一车，使他狼狈不堪，夺路逃回。

【原文】

事之可怪，妇人生须；事所骇闻，男人诞子。求物济用，谓燃眉之急；悔事无成，曰噬脐何及。情不相关，如秦越人之视肥瘠；事当探本，如善医者只论精神。

【译文】

事情可惊怪的，是女人生出胡须来，这有历史事实：北宋宣和五年，都城酒店朱氏的儿媳，年已四十，忽生胡须，长六七寸，像男人一样；更让人惊骇的是男人孕育生子，这也不是无稽之谈：《宋史》记载京都卖青果的男子，生子待产，接生婆不能取，换了男人才拉出孩子，分娩后立刻逃去。寻求东西来派给用场，便说是火烧眉毛，急不可耐；

懊悔做事无成，便说是自噬肚脐，已不可及。情谊没有关联，如同越人看秦人的肥瘦，毫不介意；做事应该探求根本，如同良医治病，要讨论从精神上予以治疗的药方。

【原文】

无功食禄，谓之尸位素餐；谫劣无能，谓之行尸走肉。老当益壮，宁知白首之心；穷且益坚，不坠青云之志。一息尚存，此志不容少懈；十手所指，此心安可自欺。

【译文】

没有功劳却食俸禄，在其位不谋其政，所以叫做尸位素餐；品性浅薄没有才能，虽然生活在世间，只不过是行尸走肉罢了。人老了而志气更加强壮，难道还不知白头人的心思吗？人虽穷困而志气却更加坚定，不让高入青云的意志一落千丈。只要一丝微气存在，这个志向总不肯有丝毫的懈怠；十只手加以指摘是非常厉害的，一个人的心术何敢自欺呢！

【新增文】

高台曰头，广宅云面。顿殊于众，须号于思；迥异乎人，指生骈拇。何平叔面犹傅粉，秦襄公颜若渥丹。古尚书头尖若笔，便擅英称；张太仆腹大如瓠，更垂好誉。可作生民主，刘曜垂五尺之髯；能为帝者师，张良掉三寸之舌。

【译文】

头部位应三台，所以叫做高台。面部分列五官，所以叫做广宅。特别与众不同的，是被称为"于思（sāi）"的胡须。《左传》记载华元多须，伐郑败，宋人歌曰："于思于思，弃甲复来。"后人便将"于思"作多须貌的代称。与常人迥异的，是相连不分的足趾。何平叔面色很白，魏文帝怀疑他脸上涂有白粉。秦襄公颜貌很红，就像《诗经》上所说的"颜如渥丹"。古弼是后魏的尚书令，头尖似笔，时人便专以"笔公"的英名来称誉他。张苍是汉朝的太仆，腹大如瓠瓜，犯罪当斩，解衣伏在铡刀上却容纳不下，因此得赦，大肚皮带来的好运，相传久远了。可做芸芸众生之主的,是五代后汉的刘曜,他脸上的络腮长髯,垂下来居然有五尺长;能够做帝王的师傅,是汉代张良,他凭借三寸不烂之舌,设计用谋,匡正社稷,天下震动。

【原文】

维翰一尺面,宰相奇形;比干七窍心,忠臣异蕴。英雄当自别,金曰寇莱公鼻息如雷;俊杰却非凡,始信王濬仲目光若电。垂肩耳大,刘先主毕竟兴王;盖胆毛深,德谦师自当成佛。岳公刺背间之字,愈见心忠;英布黥面上之痕,何嫌貌丑。

【译文】

桑维翰的面孔有一尺长,这是宰相的奇形;比干的心有七个孔窍,这是纣王剖开看到的,可算得忠臣有奇异的蕴藏!英雄当然是特别的,众人是说宋朝的宰相寇莱公身临战机,安枕却鼾声如雷;俊杰却是不比凡人,要相信晋朝的王濬仲,他的眼光炯亮,如同闪电一样。双耳垂肩是贵人相,刘先主耳大闻名,到底能够兴起王业;遮盖心胆的毛很长很长,这是德谦师拨开胸怀给人看的,后来他自然成佛了。宋朝的岳飞,他脊背上刺有"精忠报国"四个字,便愈见他的忠心了;汉朝的英布,是因罪而黥过面的人,人们叫他黥布,后来辅佐汉高祖定天下,封九江王,黥痕还留在脸上,谁还能嫌他相貌丑陋呢?

【原文】

苏生正直,膝岂容佞士做枕头;林蕴精忠,项不使顽奴为砥石。彦回之髯似戟,岂为乱阶;李瞻之胆如升,不亏大节。张睢阳鼓烈气,握拳透爪;鲁仲连喷义声,嚼齿穿龈。党进虽然大腹,非多算之人也;李纬徒有好须,不足齿之伧欤。

【译文】

苏则为人正直,他的膝头不许惯于谄媚逢迎的董昭倚枕,他说:"苏则膝非佞人之枕";林蕴遇着刘辟反叛,正言责备,刘辟大怒要杀他,又爱惜他的忠直,暗地叫刑人用刀背在他颈项上磨刮,吓他服从,林蕴便说:"死就死,我的颈项岂是顽奴的磨刀石。"褚彦回有一次夜卧阁下，忽然来了一个公主，他安坐不动，那公主便说："公髯如戟，何无丈夫气！"褚彦回对她说："回虽不才，但也不敢凭借大丈夫的胡须做淫乱的阶梯。"侯景作乱，李瞻起兵保卫朝廷，被贼生擒，他神色自如，贼用刀把他的肚腹剖开，见他的胆大同升子一样，这是不亏损大节的忠臣。张睢阳鼓着忠烈的志气，临死的时候，紧握拳头，指甲都透进肉里，表示要痛打反贼；鲁仲连口吐义侠的声音，他痛骂反贼，居然咬碎牙齿，穿破牙龈。党进肚腹很大，他手下人常说："将军不负此腹，此腹乃负将军了。"这是说他腹中空空没有心计。李纬将要官拜尚书的时候，房玄龄说："此人好须。"唐太宗听说后，知其无能，改做洛州刺史。这是因李纬徒有好须，是不足挂齿的粗俗匹夫。

衣　服

新增文十二联

【原文】

冠称元服，衣曰身章。曰弁曰冔曰冕，皆冠之号；曰履曰舄曰屣，悉鞋之名。上公命服有九锡，士人初冠有三加。簪缨缙绅，仕宦之称；章甫缝掖，儒者之服。布衣即白丁之谓，青衿乃生员之称。葛屦履霜，诮俭啬之过甚；绿衣黄里，讥贵贱之失伦。

【译文】

冠的称呼叫做元服，衣的名号叫做身章。弁、冔、冕都是冠的别号；履、舄、屣都是鞋子的名称。上公受命的服饰，有九种宠锡。就是：一舆马，二衣服，三乐则，四朱户，五纳陛，六虎贲，七弓矢，八铁钺，九秬鬯。士庶人初行冠礼，有三加的名式，就是：初次加缁衣冠，二次加皮弁，三次加爵弁。簪缨和缙绅，是对仕宦人家的称呼；章甫和缝掖，这是儒生的服色。布衣，就是白丁的称谓，青衿，是对生员的称呼。古时候夏天穿葛屦，冬天穿皮屦。如果用葛屦去踩霜踏雪，便不合时令，所以被讥诮为俭啬太过；绿是下色很低贱，黄是正色很贵重，做衣服，拿绿色的衣料做外罩，拿黄色衣料做衬里，这便是贵贱颠倒，会被人讥笑失了伦常。

【原文】

上服曰衣，下服曰裳；衣前曰襟，衣后曰裾。敝衣曰褴褛，美服曰华裾。襁褓乃小儿之衣，弁髦亦小儿之饰。左衽是夷狄之服，短后是武夫之衣。尊卑失序，如冠履倒置；富贵不归，如锦衣夜行。狐裘三十年，俭称晏子；锦幛四十里，富羡石崇。

【译文】

上身的服装叫做衣,下身的服装叫做裳;衣前叫做襟,衣后叫做裾。破烂不堪的衣服,称作衣衫褴褛,美丽华贵的服饰,叫做华裾。襁褓是小儿的衣服,弁髦是小儿的首饰;左衽是夷狄的服装,裋短是武夫的服式。尊卑失了次序,便如同冠在下、履在上,颠倒了位置一样;富贵不归故乡,如同穿着锦绣的衣服,在黑夜里行走,没人看见一样。一件狐裘穿了三十年,晏子的俭朴,一直被后人称赞;晋朝的王恺和石崇攀比富,王恺做紫纱步幛三十里,石崇做锦缎步幛四十里,石崇的豪富还是让王恺艳羡。

【原文】

孟尝君珠履三千客,牛僧孺金钗十二行。千金之裘,非一狐之腋;绮罗之辈,非养蚕之人。贵者重茵叠褥,贫者短褐不完。卜子夏甚贫,鹑衣百结;公孙弘甚俭,布被十年。南州冠冕,德操称庞统之迈众;三河领袖,崔浩羡裴骏之超群。

【译文】

孟尝君的门下,有食客三千人,都把珠子镶嵌在鞋上,时人称为"珠履客"。牛僧孺的宠妾很多,白乐天送他诗道:"金钗十二行。"价值千金的轻裘,不是一张狐皮所能做得的;身着绮罗绸缎之士,绝不是养蚕缫丝的人。富贵的人,他坐的凳子总是重茵,卧的床上总是叠褥,贫穷的人连麻布做的短服都不完整。孔子门徒卜子夏家里很贫穷,他穿的衣服,如同鹑尾短秃,还补钉摞着补钉;公孙弘非常俭朴,一床布被要用十年之久。庞统少年时候,去见司马德操,坐谈终日,德操很是器重他,惊异地说:"生当为南州士人冠冕。"以此称誉庞统超迈众人;裴骏在北魏时做中书博士,皇上很喜欢他,一天,皇上对崔浩说:"裴骏,是三河的领袖。"崔浩听后,很是羡慕裴骏的睿智超群。

【原文】

虞舜制衣裳,所以命有德;昭侯藏敝袴,所以待有功。唐文宗袖经三浣，晋文公衣不重裘。衣履不敝，不肯更为，世称尧帝；衣不经新，何由得故，妇劝桓冲。王氏之眉贴花钿，被韦固之剑所刺；贵妃之乳服诃子，为禄山之爪所伤。

【译文】

虞舜制作衣裳，还命令要用各种服色，来区别出人的等级；韩昭侯收藏破烂的袴子，却不肯赐给左右，他说，要赏给那些有功之人。唐文宗崇尚俭约，他的衣衫洗涤了三次，仍不肯更换新的；晋文公因为晋国奢华过度，他便大力倡导俭朴的风气，从不同时穿两件裘皮衣服。衣服和鞋子不到破烂的时候，断不肯再做新的，这是世人称赞唐尧的话；衣服不经过新的阶段怎能成为旧衣？这是桓冲的妻子劝桓冲的话。王氏是韦固的妻子，她的眉间总要贴上花钿，这是因为她年幼的时候，被韦固的剑刺伤；杨贵妃的乳房上，总要带上抹胸，这是因为贵妃与安禄山私通时，被安禄山的指爪搔伤。

【原文】

姜氏翕和，兄弟每宵同大被，王章未遇，夫妻寒夜卧牛衣。缓带轻裘，羊叔子乃斯文主将；葛巾野服，陶渊明真陆地神仙。服之不衷，身之灾也；缊袍不耻，志独超欤。

【译文】

姜氏兄弟和谐得很，每天夜里，大家同卧，用的是长枕大被；王章未曾得到君王赏识的时候，夫妻在寒冷的冬夜睡眠，只能盖着用来覆牛的草衣，抵御风寒的侵袭。羊祜为荆州都督，镇守襄阳。为了征服吴国，他以恩德去结交吴人，穿着轻暖的皮裘，扎着宽松的衣带，优游于山水铃阁之间，随从不过十数人，人们称他为斯文主将；陶渊明不肯做官，情愿在家里受穷，环堵萧然，不避风日。他头戴葛巾，衣着野服，常对菊饮酒，忘怀得失，人们称他是陆地神仙。衣服如果穿得不适宜，就要引来杀身之祸，比如，郑子臧好戴鹬冠，郑伯嫌恶他，暗地里派人把他杀了；身穿破烂棉袄，和那些身穿狐貉之裘的人站在一起，并不感到羞耻，这是孔子夸奖子路的话，因为子路的气质超凡脱俗，与众不同。

【新增文】

制豸作法冠，裁荷为隐服。王乔属仙令，舄飞天外之凫；李后是娇姝，钗化宫中之燕。肌生银粟，是谁寒赠紫驼尼；肩耸玉楼，有客暖捐红衲袄。精忠膺主眷，狄仁杰披金字之袍；阴德有天知，裴晋公还纹犀之带。

【译文】

獬豸是独角兽，专攻奸邪，所以模仿它的形状做成法冠，给御史顶戴起名为獬豸冠。芰与荷的叶子，都比较宽展，如果裁制成衣，最适宜隐者穿着，所以屈原要"制芰荷以为衣兮，集芙蓉以为裳。"王乔做县令，能通仙术，每次朝见皇上，他把一双鞋变为野鸭，乘着白云，从天外飞来；李后是有姿色的娇姝，汉武帝赐给她一枚玉钗，藏在匣中，一日开匣，竟然化作玉燕飞了出去。肌肤生起鸡皮疙瘩，是谁知道我瑟瑟发抖，馈赠给紫驼尼呢；春天乍暖还寒，我这里冷得双肩高耸，而张平子却嫌太暖，脱下了身上的红衲袄。精忠的臣子，自然会受主上的宠眷，所以唐朝狄仁杰身上披的金字袍，就是由武后所赐赠；阴德自有天知，例如唐朝的裴度在香山寺拾得纹犀玉带，还给了失主，后来做了宰相。

【原文】

军中狐帽，沈庆之镇压貔狖；滩上羊裘，严子陵傲睨轩冕。通天带，顿输严续之姬；鹔鹴裘，为贳相如之酒。高人能洁己，飘飘挂神武之冠；乐土共摩肩，济济看马嵬之袜。晋怀以青衣行酒，事丑万年；光武以赤帻起兵，名芳千古。有女遗王濛之新帽，谁人换季子之敝裘。

【译文】

沈庆之因患头风病，头戴狐帽去镇压骁勇强悍的南蛮，那些蛮兵都很怕他，把他称做"苍头公"；严子陵披着羊裘，在富春江上的子陵滩垂钓，他蔑视高轩贵冕，傲视达官贵人，不接受汉光武帝要他做官的诏请。裴皞的通天犀带，严续的美丽妖姬，都算是当时的无价之物。严出姬、裴出带以作赌注，呼幺喝六地赌博。结果严续怅然输掉心爱的姬妾。卓文君随司马相如私奔后，贫居愁闷，司马相如便拿出他所穿的鹔鹴裘，到酒店赊酒来与卓文君对饮消愁。六朝的陶弘景是品德高尚的人，他洁身自好，不肯做官，把头上的冠冕挂在神武门上，飘飘然归隐去了；杨贵妃缢死在马嵬坡，遗下锦袜一只，便有津津乐道于轶闻趣事的人，摩肩接踵、络绎不绝地争相观看。晋怀帝被刘聪擒去，叫他身穿青色衣衫，替人斟酒，这是遗臭万年的丑事；汉光武帝率众起义，他的士兵都裹着红头巾，这英名便流传千古。王濛姿容很美，到市中去，有个美女看他帽子破了，便送他一顶新帽。苏秦到秦国去游说求官，不遇而归，一件黑貂裘都穿破了，又有谁能替他换一件新的呢？

【原文】

韦绶寝覆缬袍，荣施若此；祭遵贫衣布袴，廉洁何如。晋君不忍浣征袍，留彼嵇侍中之血；唐士未须裁道服，重他张孝子之缣。汉王制竹籜之冠，威仪自别；闵子衣芦花之絮，孝行纯全。

【译文】

唐朝韦绶做翰林学士的时候，有一天，德宗皇帝和韦妃到翰林学士院去，韦绶正在熟睡，时值大寒天气，德宗便亲自把韦妃的蜀绣丝袍盖在他的身上，这是何等的殊荣；汉朝的祭遵忧国奉公，家无私财，终年穿的都是布做的衣裳，有谁能像他一样廉洁呢？嵇康的儿子嵇绍，在晋朝为官，八王之乱时，随惠帝在汤阴战败，百官侍卫都溃散，惟嵇绍独以身捍卫惠帝，被乱兵所杀，血溅帝衣。乱平后，侍卫要请帝洗其衣，惠帝流涕说："这是嵇侍中的血，不要洗去。"唐人韩思彦为孝子张僧胤作墓志，张僧胤馈赠他二百匹绢，韩思彦只接受一匹，说这是孝子的绢，不能轻易拿去裁剪道服。汉高祖在未得志的时候，曾用竹皮做冠，人们称作竹皮冠，这种威仪是十分别致的；闵子骞的后母待他刻薄，冬天给自己的两个儿子穿棉衣，给闵子骞穿芦花絮的衣服，骞父知道后，想要把后母赶出家门，闵子骞却跪泣说："母亲在，一子寒，母亲去，三子单。"他的孝行的确感人肺腑。

卷 三

人 事

新增文十二联

【原文】

大学首重夫明新,小子莫先于应对。其容固宜有度,出言尤贵有章。智欲圆而行欲方,胆欲大而心欲小。阁下、足下,并称人之辞;不佞、鲰生,皆自谦之语。恕罪曰原宥,惶恐曰主臣。

【译文】

《大学》之道,最重要的是明德亲民。小孩子要首先学习的是怎样对答长辈的问话,就像《曲礼》上说的:"父召无诺,先生召无诺,惟而起。"容貌、仪表固然要有法度,说话更要出口成章,娓娓而谈。正如《诗经》所言:"其容不改,出言有章。"唐代的孙思邈曾说:"人的智慧要圆通,品行要方正。办事决策时,胆量要放大,但是用心要细小。"阁下,是宰相、公卿所住的殿阁下面。足下,是晋文公火烧绵山,介之推抱树而死,至死不出,晋文公就用所抱树做成鞋子,穿在脚上,时常痛切地口称"足下",表示念念不忘。所以后来称呼别人就叫做阁下、足下。不佞,意思是不才。鲰生,意思是小人,这都是自谦的言语。宽恕人的罪过,便说是宽宥。惶悚恐惧的样子,如同臣子见了主人一样,所以叫做主臣。

【原文】

大春元、大殿选、大会状，举人之称不一；大秋元、大经元、大三元，士人之誉多殊。大掾史，推美吏员；大柱石，尊称乡宦。贺入学曰云程发轫，贺新冠曰元服加荣。贺人荣归，谓之锦旋；作商得财，谓之稇载。

【译文】

大春元、大殿选、大会状，这些称呼虽然不一样，但所称的都是举人；大秋元、大经元、大三元，这些称谓也各不相同，但都是对读书人的赞誉。大掾史，是赞美吏员；大柱石，是尊称乡里的官宦。恭贺人家进入县学，便说是青云之路的开始。恭贺人家新加冠冕，便说是玄端衣服，荣耀加身。贺别人做了官荣归故里，叫做衣锦还乡；经商的人得了财物，叫做稇载。

【原文】

谦送礼曰献芹，不受馈曰反璧。谢人厚礼曰厚贶，自谦礼薄曰菲仪。送行之礼，谓之赆仪；拜见之贽，名曰贽敬。贺寿仪曰祝敬。吊死礼曰奠仪。请人远归曰洗尘，携酒送行曰祖饯。

【译文】

晋朝嵇康上书给宰相山涛，引用《列子·杨朱》"昔人有美芹萍子者"的故事说道："野人有食芹而味美者，欲献于至尊。"是自谦所送的礼品很微薄。晋文公在曹国的时候，有个僖负羁送给他酒肴，内藏一块璧玉作为赠礼，文公只收下酒肴，归还了璧玉。所以后人称不接受人家馈送的礼物，叫做反璧。称谢人家的礼物厚重，叫做丰厚的贶赐，自己谦说礼物轻微，叫做仪文菲薄。送人出行的礼物，叫做赆仪。初次拜见时赠送的贽财，叫做贽敬。庆贺人家寿辰的礼品，叫做祝敬。吊唁死者时送的礼品，叫做奠仪。摆酒设宴迎请远道归来的客人，叫做洗尘。意在洗涤由于长途跋涉而沾上的灰尘。黄帝的儿子累祖，喜好远游，死在路途上，后人将他尊为路神，要远行的人都要祭祀，然后送行的人与要上路的人一同在神位旁饮宴，所以提携酒食送人远行，叫做祖饯。

【原文】

犒仆夫，谓之旌使；演戏文，谓之俳优。谢人寄书，曰辱承华翰；谢人致问，曰多蒙寄声。望人寄信，曰早赐玉音；谢人许物，曰已蒙金诺。具名帖，曰投刺；发书函，曰开缄。思慕久曰极切瞻韩，想望殷曰久怀慕蔺。相识未真，曰半面之识；不期而会，曰邂逅之缘。

【译文】

犒赏仆役、随从，是奖励的意思，叫做旌使。演唱戏文，都是俳戏的优人，所以叫做俳优。谢人寄来书信，便说是辱承你华美的词翰；谢人转致的问候，便说是多蒙你寄托的声音；盼望人家寄信来，便说是早赐我金玉之音；感谢人家许诺的东西，便说是承蒙您的金诺。具备名帖去拜谒人，叫做投递名刺；开启书信的封函，叫做开拆封缄。唐朝李白上书给韩朝宗，内有两句说道："生不愿封万户侯，但愿一识韩荆州"，这是思慕已久，而又情真意切的意思，所以后人便将对人的思慕，叫做瞻韩。汉朝的司马相如，少年时候，喜好击剑，羡慕蔺相如的为人，便把自己的名字也叫做相如，这是殷切的想望，久已怀在心中，所以后人便把想望一个人，叫做慕蔺。认识还未曾真切，便说是半面的相识。没有事先相约而居然会晤，便说是邂逅相遇的缘分。

【原文】

登龙门，得参名士；瞻山斗，仰望高贤。一日三秋，言思慕之甚切；渴尘万斛，言想望之久殷。睽违教命，乃云鄙吝复萌；来往无凭，则曰萍踪靡定。虞舜慕唐尧，见尧于羹，见尧于墙；门人学孔圣，孔步亦步，孔趋亦趋。

【译文】

汉朝有个李膺，名望很高，有人去参见他，叫做登龙门；唐朝韩愈文名盛大，儒生仰望他如泰山北斗。后人把想见名士、仰高贤，说是瞻仰山斗。

挨过一天仿佛过了三年，这是说思慕相当迫切；譬如口渴不得饮水，口中生了万斛尘埃，这是说想望久长而殷切。汉朝的黄宪为人宽宏大量，陈蕃曾说："数日不见黄生，鄙吝之心又复萌于心矣。"所以后人把久不相见，听不到诤友的教导，称做鄙吝复萌；在外东西往来，没有固定地方，就像浮萍随风飘落，踪迹不定。

舜帝仰慕尧帝三年，吃饭则看见尧帝在羹汤里，坐定则看见尧帝在墙壁上；孔门弟子学孔子，孔子慢步走，他也慢步走，孔子快步趋，他也快步趋。

【原文】

曾经会晤，曰向获承颜受辞；谢人指教，曰深蒙耳提面命。求人涵容，曰望包荒；求人吹嘘，曰望汲引。求人荐引，曰幸为先容；求人改文，曰望赐郢斫。借重鼎言，是托人言事；望移玉趾，是浼人亲行。多蒙推毂，谢人引荐之辞；望作领袖，托人倡首之说。

【译文】

与别人从前已经会晤过，便说是向日得仰承颜色，接受言辞了；称谢人家指教，便说是深蒙你附耳提撕，当面命令。求人家包涵，说希望您包庇宽广的荒原；求人家说好话吹捧，说渴望您像汲水一样加以引荐。求人引荐，便说希望您为我先容；求人删削文字，便说希望您施展郢匠运斧斫垩的本领，给我剔除糟粕。借重鼎言，是请托有声望的人代自己说句话，以求办事成功；盼望人移动玉趾，是拜请人亲自一行。多蒙推毂，是称谢别人引荐的言辞；望作领袖，是请托人家牵头的话。

【原文】

言辞不爽，谓之金石语；乡党公论，谓之月旦评。逢人说项斯，表扬善行；名下无虚士，果是贤人。党恶为非，曰朋奸；尽财赌博，曰孤注。徒了事，曰但求塞责；戒明察，曰不可苛求。方命是逆人之言，执拗是执己之性。曰凯觑，曰睥睨，总是私心之窥望；曰倥偬，曰旁午，皆言人事之纷纭。

【译文】

绝无反悔，如同金子石头般坚固，不可转移，所以叫做金石语；汉朝的许劭有高名，每月朔日（即旦日）公开评论世人人品的贤或不肖，这叫做月旦评。

唐朝的项斯，为人清奇雅正，品行超凡脱俗，尤工诗。杨敬之赠诗云："几度见君诗句好，一观标格胜于诗。生平不解藏人善，到处逢人说项斯。"后世把表扬人的好品行，叫做说项。隋朝的薛道衡有诗名，作人日诗云："立春才七日，离家已二年。""人归落雁后，思发在花前。"有人感叹道："名下固无虚士。"他果然是有贤才的人。

和坏人结成一党，去做非法的事，叫做朋比为奸；倾尽手中的钱财去赌博，叫做孤注一掷。只想马马虎虎了结这件事，便说是但求塞责；劝阻人家明察事体，便叫做不必苛求。方命，即逆命，是背逆了人家的言语；执拗不服，是偏执自己的性情。

希望得到财物叫做凯觎，两目旁视，叫做睥睨，这都是怀着私心的窥伺；事体烦多，叫做倥偬，事体纵横交错，叫做旁午，这都是说人世间的事情杂乱纷繁的情形。

【原文】

小过必察，谓之吹毛求疵；乘患相攻，谓之落井下石。欲心难厌如溪壑，财物易尽若漏卮。望开茅塞，是求人之教导；多蒙药石，是谢人之箴规。芳规芳躅，皆善行之可慕；格言至言，悉嘉言之可听。无言曰缄默，息怒曰霁威。

【译文】

些小的过失，必须彻底清查，这叫做吹开毛发，去寻他的瑕疵；乘人家遭遇危难加以攻击，这叫做趁人落在陷阱里，投下石头。嗜欲难以满足，如同山间的深壑一样，是填不满的；货财货物，容易消耗干净，如同那有漏洞的酒卮。盼望开启堵在我心中的茅草，这是恳求人家的教导；多蒙投赠药物和砭石，这是感谢人家的劝戒。前代贤人的规范，前代哲人的行迹，都是可以仰慕的良善行为；格言，是含有教益可作为准则的话，至言，是至理名言，都是值得听信的嘉美语言。孔子当年到社稷之庙，见到一个金人，嘴上封了三道铁条，因此后代便把不开口说话叫做缄默；平息怒气，如同雨后天霁，所以叫做霁威。

【原文】

包拯寡色笑，人比其笑为黄河清；商鞅最凶残，常见论囚而渭水赤。仇深曰切齿，人笑曰解颐。人微笑曰莞尔，掩口笑曰胡卢。大笑曰绝倒，众笑曰哄堂。留位待贤，谓之虚左；官僚共署，谓之同寅。人失信曰爽约，又曰食言，人忘誓曰寒盟，又曰反汗。铭心镂骨，感德难忘；结草衔环，知恩必报。

【译文】

宋朝的包拯性端严，难得见到笑容，贵戚官宦都很惧怕，偶然现出笑容，人们比喻为黄河水清；商鞅相秦，用法严酷。曾在渭水之滨一次判决七百余人，渭水都染红了，哭声震天动地，人们都怨恨他的凶残。冤仇结深了，让人怒目切齿。颐，就是脸颊。人欢笑的时候，两颐自开，所以叫做解颐。轻微的笑，叫做莞尔，掩口笑，叫做胡卢。放声大笑叫做绝倒，众人都笑，叫做哄堂。

留着位置等待有贤才的人，叫做虚左，战国时的魏公子信陵君，礼贤下士，把车骑左面的位置空起来，亲自去迎接隐士侯嬴，就是这个意思。官吏僚佐都在公署衙门里共同办事，大家都恭敬、戒惧、小心谨慎，所以叫做同寅。人不遵守约定，叫做爽约，又叫做食言；人忘记当初的盟誓，叫做寒盟，又叫反汗，意即誓言像已出的汗水不可返回。铭记在心里，刻镂在骨上，这是感恩戴德永不忘记的表示；春秋时魏武子临死嘱其子颗以自己的妾来殉葬。武子死后，魏颗未听父亲的话，把父亲要殉葬的妾嫁出去了。后来魏颗与敌人作战，被嫁那个妾的父亲暗中用结扎乱草的方法绊倒敌人，便活捉了敌人。神话传说汉杨宝救了一只黄雀，后来黄雀衔了四只白玉环来报恩。这是铭记恩德，必来报答的故事。

【原文】

自惹其灾，谓之解衣抱火；幸离其害，真如脱网就渊。两不相入，谓之枘凿，两不相投，谓之冰炭。彼此不合曰龃龉，欲进不前曰趑趄。落落不合之词，区区自谦之语。竣者作事已毕之谓；酿者敛财饮食之名。赞襄其事，谓之玉成；分裂难完，谓之瓦解。事有低昂曰轩轾，力相上下曰颉颃。

【译文】

自己去招惹灾祸,如同脱去衣裳把火焰抱在身上;人侥幸脱离灾害,就像游鱼幸脱网罟而就深渊,能自遂其生。《楚辞》说:"圆凿而方枘兮,吾固知龃龉而难入"。圆是凿方是枘,是不相配合的;白居易写的诗:"合冰炭以交战",冰是水、炭是火,二物至不相容,不能投置在一起。彼此不相合,就像参差不齐的牙齿,相互抵触不合;要向前行难以举步,叫做赵趄。

落落,是不相投合的样子。汉光武帝就曾经说过:"落落难合"的话。区区是微贱的意思,是自称的谦词。司马迁有过"区区之心"的言语。做事完成,谓之告竣;大家聚敛金钱共同饮酒,谓之醵饮。帮助别人办成某事,就像将玉石切磋琢磨成玉器,所以后人把成全他人叫做玉成;《淮南子·泰族》载,纣有南面之名,而无人主之德,所以天下有土崩瓦解之势,后人把崩溃之势如瓦片散乱,叫做瓦解。人世间的万事万物,有低劣的令人沮丧,有高昂的令人振奋,就像马车前高后低(前轻后重)称轩,前低后高(前重后轻)称轾,世人便将事物的轻重、高低,叫做轩轾。《诗经》上说:"燕燕于飞,颉之颃之。"鸟飞而上谓之颉,鸟飞而下谓之颃。所以人们把力量不相上下相互抗衡,叫做颉颃。

【原文】

凭空起事曰作俑,仍前踵弊曰效尤。手口共作曰拮据,不暇修容曰鞅掌。手足并行曰匍匐,俯首而思曰低徊。明珠投暗,大屈才能;入室操戈,自相鱼肉。求教于愚人,是问道于盲;枉道以干主,是炫玉求售。智谋之士,所见略同;仁人之言,其利甚溥。班门弄斧,不知分量;岑楼齐末,不识高卑。

【译文】

古时无用人殉葬的习俗,稍后有人制作土木偶人来殉葬后来竟用活人殉葬。所以人们把无端作恶叫做作俑;明知前人行事有错误却偏要加以效仿,继续做出错误的举动,这就叫做效尤。《诗经》上说:"予手拮据",是说手口不停地劳作。《诗经》还说:"或王事鞅掌",是说为了君王的事日夜操劳,没有闲暇修整容貌。手脚同时着地向前移行叫做匍匐；低头沉思而踟蹰不前，叫做低徊。《史记·邹阳传》："臣闻明月之珠，夜光之璧，以暗投人于道路，人无不按剑而相眄者，何则？无因而至前也。"后人多用明珠投暗，比喻怀才不遇或才华超众而无人赏识。入室操戈，比喻就对方的论点反驳对方，自相鱼肉。故事出在《后汉书·郑玄传》："何休好《公羊》学，遂著《公羊墨守》，针《膏肓》、起《废疾》。休见而叹曰：'康成（郑玄）入吾室，操吾矛，以伐吾乎！'"向那些愚蠢的人求教，就好比向盲人询问道路；放弃自己的信念而求得被君王重用，就像夸耀自己的玉器，招徕顾主来买一样。《三国志》载，周瑜上书孙权说："刘备非久屈为人下者，恐蛟龙得云雨，终非池中物也。"刘备听到后说："天下智谋之士，所见略同。"《左传》载，齐景公对晏子说："你离街市近，能知道东西的贵贱吗？"这时候景公正施行苛酷的刑法，晏子回答说："受过刖刑的人穿的踊比常人穿的履要贵。"景公大为震动，马上废除了酷刑。人们都说，仁德的人，一句话就可以使老百姓普遍获得利益。鲁班是古代的能工巧匠，到他门前去摆弄斧头，真是不知自己是老几；放在尖顶楼房上的一块方寸大小的木头，与这座楼房比高低，不管底部如何，只管上端，硬说比这座楼房高，真是不识高低。

【原文】

势延莫遏，谓之滋蔓难图；包藏祸心，谓之人心叵测。作舍道旁，议论多而难成；一国三公，权柄分而不一。事有奇缘，曰三生有幸；事皆拂意，曰一事无成。酒色是酖，如以双斧伐孤树；力量不胜，如以寸胶澄黄河。

【译文】

春秋时候，郑庄公的弟弟公叔段，受到母亲武姜的宠爱，有个叫祭仲的向郑庄公进谏说："武姜的欲望是满足不了的，不如赶快想个万全之策，不能再让武姜的私欲膨胀蔓延，一蔓延，局面就难以收拾了，蔓草尚且不能铲除，更何况您那娇宠起来的弟弟呢？"后来人们便把权势蔓延不能遏止，叫做滋蔓难图；《左传》载，楚公子围受聘来到郑国，想要派兵到郑国来迎取自己喜爱的妇人。子产十分担心楚国借机侵略郑国，派子羽辞谢公子围说："郑国虽小却没有罪过，而完全依赖大国的庇护，又没有丝毫的戒备之心，却是罪过，我们原想凭借大国的实力来安定己国。没有想到你们却包藏祸心，企图吞并我们。"后来人们把包藏祸心，奸诈狡黠，叫做人心叵测。《诗经》说："如彼筑室于道谋，是用不溃于成。"后人据此总结成谚语："作舍道旁，三年不成。"用来比喻众说纷纭终难获得成功；一个国家里有三个国君，职权自然分散而不能统一了。事情遇着奇巧的缘分，叫做三生有幸；事情总是与自己的本意相违，叫做一事无成。人贪恋酒色，身体就要毁坏了，如同拿了两把板斧，去砍伐孤立的树木，没有不倒毙的；《抱朴子》说："寸胶不能理黄河之浊，尺水不能却萧邱之火。"这是说，力量太小不能胜任。

【原文】

兼听则明，偏听则暗，此魏征之对太宗；众怒难绝，专欲难成，此子产之讽子孔。欲逞所长，谓之心烦技痒；绝无情欲，谓之槁木死灰。座上有江南，语言须谨；往来无白丁，交接皆贤。将近好处，曰渐入佳境；无端倨傲，曰旁若无人。借事宽役曰告假，将钱嘱托曰夤缘。事有大利，曰奇货可居；事宜鉴前，曰覆车当戒。

【译文】

兼听双方的意见，自然心明眼亮，偏听一方的话，自然昏暗不明，这是唐代的魏征对唐太宗治国的忠告；众人的愤怒，是不可触犯的，自己专政的私欲，也是难于成功的，这是郑国大夫子产对当国者子孔的讽劝。要想尽情表现自己的长处，心里便烦乱起来，技艺也隐隐作痒；《庄子》中有颜成子的话：人的形体可以像枯槁的木头，心灵像死灰一样孤寂吗？后来人们便把没有一点嗜好和情欲的人，称做枯槁的木头、已死的灰烬。《古乐府》中有《鹧鸪曲》，江南人听了便要思乡南归，黄山谷有诗云："座上若有江南客，莫向春风唱鹧鸪。"劝大家言语需要谨慎。刘禹锡的《陋室铭》说："谈笑有鸿儒，往来无白丁。"是说社交、应酬的场合之中，都是知书达理的名士。晋朝的顾恺之每次吃甘蔗，总是从梢部吃起，有人感到奇怪，问其缘由，回答说："渐入佳境。"后来人们把越来越接近好的地方或意境，就叫渐入佳境；晋朝的王猛倜傥有大志，听说桓温伐秦，披鹑衣去拜见，一边手里捉着虱子，一边谈论天下大事,旁若无人。后人把高谈阔论,目空一切叫做旁若无人。借有别的事请求宽限劳役,叫做告假,用金钱去嘱托别人引荐,叫做夤缘。

秦昭王时,太子妃华阳夫人无子,夏妃生子叫异人,在赵国做人质。吕不韦见此情景说:"此奇货可居。"同异人密谋,华阳夫人竟立异人为嗣,又即位为庄襄王,传说吕不韦又把自己的有孕的美姬献给异人,生子嬴政,这就是秦始皇,后秦始皇封吕不韦为秦相。后来人们把有大利可图的事情,称为奇货可居;贾谊《治安策》曰:"前车覆,后车戒。"前车倾覆了而不引为借鉴,就像行于路上的车子,后车必然又蹈覆辙了。

【原文】

外彼为此,曰左袒;处事两可,曰模棱。敌甚易摧,曰发蒙振落;志在必胜,曰破釜沉舟。曲突徙薪无恩泽,不念豫防之力大;焦头烂额为上客,徒知救急之功宏。贼人曰梁上君子,强梗曰化外顽民。木屑竹头,皆为有用之物;牛溲马渤,可备药石之资。

【译文】

汉初,吕氏专政,太尉周勃谋诛诸吕,行令军中说:"为吕氏袒露右臂,为刘氏袒露左臂。"全军都左袒拥刘。后人将偏护某一方,称做"左袒"。唐代苏味道做了几年宰相,对什么事都含含糊糊,不置可否。后人将遇事不加可否,叫做模棱。敌人很容易被摧折,就像拂去蒙在器物上的尘土,振落枯叶一样;《史记·项羽本纪》:"项羽乃悉引兵渡河,皆沉船,破釜甑,烧庐舍,持三日粮,以示士卒必死,无一还心。"后来人们将下定决心,义无反顾,志在必胜,称作破釜沉舟。《汉书》记载了一个故事:"有个客人看见主人灶房的烟囱直接通出来而且旁边堆着柴草,告诉主人应当将烟囱改成弯曲状,并将柴移开,否则会有火灾,主人不听从。后来果然失火,救火者都焦头烂额,被主人引为上宾,惟独不请起先建议的人,所以人们都愤愤不平地说:'曲突徙薪无恩泽,焦头烂额为上客',这是说那个主人不念预防的大力,只知道救急的宏功。"《后汉书·陈寔传》载,陈寔夜里坐在家中,盗贼进入房中,躲在房梁上,陈实便把子孙召集来,训导说:"人不能够不自我约束,坏人不一定生下来就坏,完全是长期养成了坏习气,才落到这个地步,房梁上的君子就是个例子!"盗贼大惊,一下掉到地上。后人便把梁上君子作为窃贼的代称。韩愈《原道》:"为之刑以除其强梗。"以后便把强横而不通王化的人叫化外顽民。《晋书》记载,陶侃任荆州刺史,指挥部下造船,剩下的木屑竹头都令手下人收藏起来,人们讥笑他。后当积雪路滑,便用木屑铺地。到桓温伐蜀时又以竹头做钉装船,人们才知木屑竹头也都是有用之物;牛溲,即牛尿,马渤,菌类植物,生湿地及腐木上。韩愈《进学解》:"牛溲马渤,败鼓之皮,俱收并蓄,待用无遗者,医师之良也。"可见,牛溲马渤也可储备起来,作为药材。

【原文】

五经扫地,祝钦明自亵斯文;一木撑天,晋王敦未可擅动。题凤题午,讥友讥亲之隐词;破麦破梨,见夫见子之奇梦。毛遂片言九鼎,人重其言;季布一诺千金,人服其信,岳飞背涅精忠报国,杨震惟以清白传家。

【译文】

《新唐书》载,睿宗皇帝与群臣饮宴,祝钦明自称能跳八风舞,把肥胖的身体伏在地上,洋相百出。祝又熟读经书,旁人讥笑他说:"此举五经扫地矣。"后人便用五经扫地或斯文扫地比喻丧尽文人体面;《太平广记》载,晋王敦欲谋反,梦将一木撑天,求解于许真君,真君曰:"此未字也,只宜守旧,未可擅动。"《世说新语·简傲》载,嵇康与吕安友善,一次吕安访嵇康,康外出,其兄嵇喜出迎,吕安不入,在门上写了个"凤"字便飘然离去。繁体"凤"字正好是"凡鸟"之合。吕安以凡鸟讽嵇喜为庸才。传说一人访友,友人故不出门相见。此人题"午"字于门走了,这是讥笑友人是条不出头的牛。有一妇女与丈夫久别,一夜做梦破开麦粒,详梦的人告诉她,麦粒破开便见麸面,你马上就要和丈夫见面了,不久果然。一人儿子出门在外,有天做梦,用力破梨,有人告诉他,破梨子见,不久儿子果然回了家,这都是奇怪的梦兆。毛遂是平原君的门客,随平原君到楚约定赵楚合纵,共同抗秦,归赵后，平原君说："毛先生以三寸之舌，强于百万之兵。使赵重于九鼎矣。"门客由此都尊重毛遂的言词；汉朝的季布很注重承诺，楚人有谚曰："得黄金百斤，不如得季布一诺。"这是佩服他的信用。岳飞为宋室江山的安危担忧，在背上刺下"精忠报国"四个字，后汉的杨震做涿州太守，为政清廉，有人劝他买房地产留给子孙，杨震说：能够让后世称我的子孙是清白廉洁的官宦之子，留给他们这些，难道还不够多吗？

【原文】

下强上弱，曰尾大不掉；上权下夺，曰太阿倒持。当今之世，不但君择臣，臣亦择君；受命之主，不独创业难，守成亦不易。生平所为皆可对人言，司马光之自信；运用之妙惟存乎一心，岳武穆之论兵。不修边幅，谓人不饰仪容；不立崖岸，谓人天性和乐。蕞尔么么，言其甚小；卤莽灭裂，言其不精。

【译文】

春秋时，楚灭蔡，楚灵王想封公子弃疾为蔡公，向申无宇求教，无宇答道："末大必折，尾大不掉，君所知也。"后人便将下属强大而首领懦弱，不能指挥控制，像尾巴太大难以掉动一样，称作尾大不掉；君主的权力，被下属篡夺，如同将锋利的太阿宝剑倒拿在手上，比喻以权柄授人。当今之世，不但君主有选择臣子的权力，就是臣子也有选择君主的自由，这是汉朝马援对光武帝的忠告；受于天命的君主，不单是开创基业艰难，就是保住君主的权位也绝非易事，这是唐太宗勉励房玄龄、魏征的肺腑之言。司马光曾对人说："我没有超过别人的地方，只是生平所做的事，没有不可告人的。"这是司马光的自信；"阵而后战，兵法之常。运用之妙，存乎一心。"这是岳飞论兵法之奥妙。如同簇新的布帛，不修饰边幅，比喻人不喜修饰仪表容颜；不树立山崖和水岸把众人隔开，是说人的性情随和欢快。

《左氏春秋》载谚曰："蕞尔小国。"《鹖冠子》说："无道之君，任用么么，动即烦浊。"蕞尔和么么都是形容渺小。前者偏重指地后者偏重指人。《庄子·则阳》："君为政焉勿卤莽，治民焉勿灭裂。"后人便将轻率莽撞称为卤莽灭裂。

【原文】

误处皆缘不学，强作乃成自然。求事速成曰躐等，过于礼貌曰足恭。假忠厚者谓之乡原，出人群者谓之巨擘。孟浪由于轻浮，精详出于暇豫。为善则流芳百世，为恶则遗臭万年。过多曰稔恶，罪满曰贯盈。尝见冶容诲淫，须知慢藏诲盗。

【译文】

汉高祖生平误处甚多，唐仲友曾下断语说，高祖错误之处，都是因为他不好学习；改过之处，都源于他机敏颖悟。强作，是说凡事先要硬着头皮勉强自己去做，然后习惯成自然。魏国的孔斌曾说："人皆作之，作之不止，乃成君子。作之不变，习与性成，乃自然也。"

《礼记·学记》："幼者听而弗问，学不躐等。"所谓躐等是办事求速成，不循次序，越级而进的行为，《论语·公冶长》："巧言令色足恭，左丘明耻之，丘亦耻之。"所谓足恭是过度谦恭。《论语·阳货》："乡原，德之贼也。"后人称那些貌似忠厚谨慎，实与流俗合污的伪善者为乡原。巨擘的原意是大拇指，后人把它比喻超出常人的杰出人物。

《庄子·齐物论》说："夫子以为孟浪之言，而我以为妙道之行也。"孟浪是疏略、不精要的意思，概由卤莽、轻浮所致。精确周详是出于悠闲安逸，因为有充足时间去深思熟虑。《世说新语·尤悔》载，桓温曾感慨万端说道："既不能流芳百世，亦不足复遗臭万年？"做善事的人，自然会美名流传百代；为非作歹的人，自然要落个千古骂名。唐柳宗元《箕子碑》有："向使纣恶未稔而自毙"的话，因此，罪行甚多称稔恶，《尚书·泰誓》上："商罪贯盈，天命诛之。"上古结绳记事，罪恶累累，绳结满了一贯，便叫贯盈。《周易·系辞》上说："慢藏诲盗，冶容诲淫。"女子将自己的容貌妆扮得妖冶美丽是教诲人产生淫乱心理，不很好地珍藏自己的财物，就好比教诲盗贼来行窃。

【原文】

管中窥豹，所见不多；坐井观天，知识不广。无势可乘，英雄无用武之地；有道则见，君子有展采之思。求名利达，曰捷足先得；慰士迟滞，曰大器晚成。不知通变，曰徒读父书；自作聪明，曰徒执己见。浅见曰肤见，俗言曰俚言。

【译文】

拿着竹管窥看豹子,只能看到一个斑纹,不能看见全体;坐在井里观看天空,只能看到井口那样一小块,所见不会很多。没有势力可以凭借,虽是英雄其才略也无处施展;有道的时代,凡是君子就会有大展宏图安邦定国的意念。追求名誉利益而行动迅速,最先达到目的,叫做捷足先得;安慰士人的成就、功名来得迟缓,便说是大器晚成。处理事情,不知道通达变化,就像战国时的赵括,徒然遍读了父亲赵奢的兵书,却胶柱鼓瑟,拘泥于兵书,不知灵活运用;自以为智慧超群的人,总要固执坚持个人的意见。粗浅的见解,好比看人只能看见表皮,不能看到内心,所以叫肤见;约定俗成,广泛流行的语言,顺应俗人俚耳,所以叫它俚言。

【原文】

识时务者为俊杰,昧先几者非明哲。村夫不识一丁,愚者岂无一得。拔去一丁,谓除一害;又生一秦,是增一仇。戒轻言,曰恐属垣有耳;戒轻敌,曰无谓秦无人。同恶相帮,谓之助桀为虐;贪心无厌,谓之得陇望蜀。当知器满则倾,须知物极必反。喜嬉戏名为好弄,好笑谑谓之诙谐。

【译文】

《三国志》载,刘备访世事于司马德操,德操说:"儒生俗士,岂识时务,识时务者在乎俊杰。"后人称那些能看清形势,紧跟时代潮流者为英雄豪杰。据《周易·系辞》称,"几"就是细微的先兆。不会观察事物细微的先兆变化,就不是圣明贤哲的人。乡曲村夫从不上学就不识一字,愚昧迟钝的人经过深思熟虑,难道就一无所得。宋仁宗时丁谓专权,贬宰相寇准到雷州。京师百姓相传:"欲得天下宁,拔去眼中丁(钉),欲得天下好,不如召寇老。"所以拔去一丁,是说为民除掉一害。秦末陈涉起兵,有个叫武臣的将领要自立为赵王,陈涉要杀他,相国房君说道:"秦未亡而诛武臣,又生一秦。"这是说平添了一个仇敌。《诗经》上说:"君子无易由言,耳属于垣。"提醒人们不要轻易地出言,是恐怕有人耳朵贴在墙上偷听;提醒人不要轻视敌人,可借用秦国大夫绕朝对晋国的士会所说的话:"不要认为秦国无人。"帮助坏人作恶,就如同帮助无道的夏桀做暴虐的事情；贪心没有满足的时候，如同曹操对司马懿所说：即得陇右，复欲望蜀。"

《孔子家语》载孔子言："吾闻宥座之器，虚则欹，中则正，满则覆。"孔子说的宥座之器，又叫敬器，斟满了酒就必须倾倒，这个现象不可不知；事物发展到极端时，就会走向反面，这个哲理也必须了解。喜欢嬉戏玩乐的人，人称为好弄，喜好戏谑而又有风趣的人，人称为诙谐。

【原文】

谗口交加，市中可信有虎；众奸鼓衅，聚蚊可以成雷。萋菲成锦，谓谮人之酿祸；含沙射影，言鬼蜮之害人。针砭所以治病；鸩毒必至杀人。李义府阴柔害物，人谓之笑里藏刀；李林甫奸诡谄人，世谓之口蜜腹剑。代人作事，曰代庖；与人设谋，曰借箸。

【译文】

《战国策·魏策》载："庞恭与太子一起在赵国做人质，恐魏王信谗而疏远太子，便对魏王说："假如有一人说街市上有老虎，大王相信吗？"魏王回答："不相信""有两个人都这么说呢？"王说："我就开始将信将疑了。""三个人呢？""我就相信了。"说明许多诋毁中伤的谗言集中到一人身上，如同众人都说市中有虎一样可信；《汉书》中记载有中山靖王所说的聚蚊成雷一语，比喻众多的奸邪摇唇鼓舌，挑拨离间，可以造成声势，积小恶可以酿成大害。

《诗经·小雅》上说："萋兮菲兮，成是贝锦；彼谮人者，亦已大甚。"这是比喻谗人罗织他人的细小过失加以编造定成大罪，就像将各种色彩集合加工成文锦一样。《诗经·小雅》："为鬼为蜮，则不可得。"蜮是居于水中含沙射人的恶物，被射中的人皮肤生疮，即使被射中身影也会生病。后人便将那些为非作歹的人以谗言害人，就叫做含沙射影。白居易有诗亦可为证："含沙射人影，虽病人不知。巧言构人罪，至死人不疑。"

针、砭都是古代的医疗工具，使用它们可以治好疾病；鸩羽有毒，入酒喝下，必定死亡，所以《左传》说，"晏安鸩毒"，杀戮人命。唐代中书令李义府貌状温恭，与人言嬉怡微笑，凡违拗其意者，必加陷害,所以人称之为"李猫",说他笑里藏刀;唐玄宗时的宰相李林甫,任职十九年,排除异己,败坏朝政,为人往往表面和好,而阴谋中伤,所以人称口蜜腹剑。代替他人做事,叫做越俎代庖。是根据《庄子·逍遥游》中"庖人虽不治庖,尸祝不越樽俎而代之矣"说的。秦末楚汉相争,郦食其劝刘邦立六国后代,共同伐楚,刘邦刚吃完饭,张良入见,认为此建议万不可行,说:"臣请借前箸为大王筹之。"后人便把替人策划、谋事叫做借箸。

【原文】

见事极真,曰明若观火;对敌易胜,曰势若摧枯。汉武内多欲而外施仁义,廉颇先国难而后私仇。卧榻之侧,岂容他人鼾睡,宋太祖之语;一统之世,真是胡越一家,唐太宗之时。至若暴秦以吕易嬴,是嬴亡于庄襄之手;弱晋以牛易马,是马灭于怀愍之时。

【译文】

观察事物极其真切,像看火一样明亮;对付敌人容易取得胜利,如同枯枝腐木容易折断。汉武帝要仿效尧舜的治国之道,汲黯却说:"陛下内心有许多嗜欲,对外却要施布仁义,怎能仿效唐虞之治呢?"廉颇和蔺相如同在赵国做官,相如官大,廉颇不服,欲当众羞辱相如。相如总躲避他,说:"吾所以为此者,以先国家之急而后私仇也。"颇大受感动,主动上门负荆请罪,结为刎颈之交。"卧榻的旁边,岂能容他人鼾睡",这是宋太祖开国之时,要铲除南唐后主李煜的由衷之言;统一的太平盛世,各民族都来归附如同一家,这是唐高祖在唐太宗初一次宴饮时,命突厥可汗在未央宫起舞时的肺腑之语。暴秦本是嬴姓,因传吕不韦用有孕的侍妾献给庄襄王子楚,生了秦始皇,暗中已换成吕姓,这样嬴秦便已在庄襄王手中灭亡了;弱晋本姓司马,晋元帝司马睿是琅琊王瑾之子,而传琅琊王妃与小吏牛金相通而生睿,后立为东晋元帝,所以司马氏已在西晋怀愍的时候殄灭了。

【原文】

中宗亲为点筹于韦后,秽播千秋;明皇赐洗儿钱于贵妃,丑遗万代。非类相从，不如鹡鸰；父子同牝，谓之聚麀。以下淫上谓之烝，野合奸伦谓之乱。从来淑慝殊途，惟在后人法戒；斯世清浊异品，全赖吾辈激扬。

【译文】

唐朝中宗有个韦后，与武三思通奸，有一日韦后与武三思对面打双陆，中宗亲自替韦后检点筹码，这淫秽的声名，传播到千秋；唐明皇的杨贵妃，收养安禄山做义子，曾做一件大襁褓裹禄山，说是三朝洗儿，明皇便赐贵妃洗儿钱，这丑闻也遗留万代。不是同类的，却偏去追随他，还不如鹡鸰这些鸟儿，居则雌雄相伴，飞则牝牡相随；不知父子夫妇之间的伦理纲常，父子两代共一妇人的淫乱秽行，叫做聚麀。晚辈和母辈通奸，叫做烝；不合礼仪的男女之间的淫秽行为，叫做乱。自古以来，善良邪恶就是泾渭分明的两条道路，就看后世之人如何以善为法，以恶为戒；这个世界上的清浊，是不同的两个品类，全赖我辈澄清污浊，激扬清流。

【新增文】

休休莫莫，禁止之词；衮衮匆匆，仓皇之义。暂为寄足，有似鹪鹩一枝；巧于营身，还如狡兔三窟。放枭囚凤，虐仁纵暴奚为；用蚓投鱼，得重弃轻应尔。爝火虽无大明之耀，铅刀竟有一割之能。淮南一老不就聘，高尚可钦；鲁国两生不肯行，清操足式。

【译文】

休休莫莫，是禁止做事的言词。衮衮匆匆，是仓皇忙碌的意思，暂且有个立足之地，就像那鹪鹩小鸟，仅仅就着一根树枝来建造巢穴；巧计营谋藏身，如同狡猾的兔子，要打三个窟穴。放掉恶毒的鸱枭而囚禁祥瑞的鸾凤，就好像虐待仁慈而放纵强暴，这是为什么呢？把蚯蚓投到水里去钓鱼，这是抛弃微不足道的东西换取贵重之物，应该如此的。炬火虽无太阳耀眼的光芒，铅刀却有一次分割的能力。汉初应曜隐居淮南山，与商山四皓同时受到汉高祖的聘请，四皓应召前去，只有曜拒不出山，时人语："商山四皓，不如淮南一老。"赞许他不摧眉折腰、阿谀权贵的高风亮节。刘邦称帝叔孙通任博士，制定朝仪。他曾寻访两位儒生，他俩不肯应召，这清白的操守，足可以做后人榜样。

【原文】

一株竹，先兆应举皆荣；两尾牛，预料行兵有失。乐羊子功绩未成，谤书满箧；郭林宗声名最重，谒刺盈车。黠狗行凶，难免杲卿之骂；鸩媒肆毒，已生屈子之悲。人有一天，我有二天，便见大恩之爱戴；河润百里，海润千里，乃为渥泽之沾濡。

【译文】

宋朝的王君炳有两个儿子赶赴秋试，夜梦一人持竹一枝，让他种下，解梦的人说，二郎均可中选，"竹"字是两"个"字，这是二子都可荣登高第的征兆；唐朝的黄巢要出师，夜里梦见两条尾巴的牛，解梦的人说，牛两尾，"失"字也，预示出兵将要失败。乐羊是战国时魏国的战将，魏文侯命他讨伐中山，三年才把中山攻下。归来后上书请功，文侯给他一只箱子，里面全是大臣们毁谤他的奏章。后汉的郭林宗名重京城，士人争相趋奉，拜谒他的名帖，常常盈车。颜杲卿做常山太守的时候，安禄山反叛，颜杲卿破城被擒，大骂禄山："你这狡猾的狗，朝廷并没有亏待你，你为什么要谋反？"禄山怒，截断其舌，壮烈殉难。楚怀王听信靳尚等人的谗言，将屈原放逐江南，屈原作《离骚》，其中有"吾令鸩为媒，鸩告予以不好"。意为谗言害人，就像鸩鸟肆毒一样，足以置人于死地。他人只有一个天，我却有两重天，我得到的爱护与恩德是多么广大；黄河的水浸润百里，大海的水浸润千里，优渥的恩泽，沾溉濡染殆遍了。

【原文】

退我一步行，固云安乐法；道人三个好，尤见喜欢缘。借一叶之浓阴，可资覆荫；扩数间之巨庇，尽属峥嵘。挝三折，编三绝，书三灭，好学十分；眼中泪，心中事，意中人，相思一样。

【译文】

　　退缩一步行走,是安稳快乐的办法;称道人家三个好,更能见出喜欢的缘分。这见于苏子瞻的诗:"退一步行安乐法,说三个好喜欢缘。"瀛洲有影木,太阳照耀之下,一叶便有百影,唐朝的郑太穆做刺史时,致书于司空颉说:"分千树一叶之影,即是浓荫。"这是比喻借助他人一点帮助,就可给自己带来莫大的好处。扬雄《法言》说:"震风陵雨然后知夏屋之为帡幪也。"如果能像杜甫诗那样,扩建广厦千万间,就可大庇天下寒士尽欢颜了。孔子晚年喜读《周易》,铁挝折断三次,韦编断绝三次,书上的字漫灭三次,好学的功夫达到十分;眼中泪,心中事,意中人,这是宋朝张子野词中之语,都是抒发相思之情的说法。

饮　食

新增文十一联

【原文】

甘脆肥脓，命曰腐肠之药，羹藜含糗，难语太牢之滋。御食曰珍馐，白米曰玉粒。好酒曰青州从事，次酒曰平原督邮。鲁酒茅柴，皆为薄酒；龙团雀舌，尽是香茗。待人礼衰，曰醴酒不设；款客甚薄，曰脱粟相留。竹叶青，状元红，俱为美酒；葡萄绿，珍珠红，悉是香醪。

【译文】

甘甜酥脆、浓淳肥美的食品，都是腐烂肠胃的毒药，那些终日以藜藿、野菜和粗粮充饥的人，对他们，实在难以描述牛、羊、猪这些上等食品的滋味。皇帝吃的食品叫做珍馐，白米叫做玉粒。晋朝的桓温有个主簿能辨别酒的味道。他说好酒叫青州从事，因为青州有齐郡，齐与脐同音，好酒吃下能直至脐下。又说次酒叫平原督邮，因为平原有鬲县，鬲与膈也是同音，次酒吃下去只能到膈膜。鲁酒、茅柴，都是薄酒；龙团、雀舌，都是上等的名茶。招待人的礼仪简陋不周，叫做醴酒不设。款待客人的饮食太菲薄，叫用未舂过的米来留待宾客。竹叶青、状元红，都是美酒；葡萄绿、珍珠红，俱是香醪。

【原文】

五斗解酲，刘伶独溺于酒；两腋生风，卢仝偏嗜乎茶。茶曰酪奴，又曰瑞草；米曰白粲，又曰长腰。太羹玄酒，亦可荐馨；尘饭涂羹，焉能充饿。酒系杜康所造，腐乃淮南所为。僧谓鱼曰水梭花，僧谓鸡曰穿篱菜。

【译文】

要吃下五斗酒,才能戒除嗜酒的毛病,这是晋朝刘伶祝神戒酒的誓言;"惟觉两腋习习清风生",这是唐朝卢仝的诗句,他一生别无所好,偏偏嗜好喝茶。《洛阳伽蓝记》里有一句"茶与酪浆为奴",所以茶又名曰酪奴,唐朝杜牧有句诗:"山实东南地,茶称瑞草魁",所以茶又叫瑞草;杜甫有诗曰:"精凿传白粲",所以白米又叫做白粲,江南有句俗语"长腰粳米",因而白米又叫长腰。太羹和水酒,虽然没有盐梅调和,也可以敬奉神祇,同样散发出馨香的气味;尘做饭,涂做羹,这种婴儿相与嬉乐的游戏,怎能填满辘辘的饥肠呢。酒是古代杜康所造,豆腐是汉朝淮南王刘安首先做成的。僧人说鱼在水里游来游去,同机梭一般,所以叫做水梭花,又说鸡在篱笆间穿来穿去,寻找食物,所以叫做穿篱菜。

【原文】

临渊羡鱼,不如退而结网;扬汤止沸,不如去火抽薪。羔酒自劳,田家之乐。含哺鼓腹,盛世之风。人贪食曰徒餔餟,食不敬曰嗟来食。多食不厌,谓之饕餮之徒;见食垂涎,谓有欲炙之色。未获同食,曰向隅;谢人赐食,曰饱德。

【译文】

来到深深的渊潭面前,羡慕那些往来穿梭的游鱼,不如回到家中编结鱼网,那才可以捕捞得到。面对锅里翻滚的开水,拿起水瓢舀水簸扬,以止住它的沸腾,不如抽去锅底的柴薪,熄灭炉内的旺火。烹羊炰羔,斗酒自劳,这是田家农舍的欢乐;《庄子·马蹄》:"含哺而熙,鼓腹而游",含哺像婴儿,鼓腹如童子,天真纯朴,毫不做作,这是开明盛世的民风。对贪吃好食而又无所作为的人,便说他白白糟蹋了粮食,给人家饮食,态度却不恭敬,叫做嗟来食。《左传》载:"缙云氏有不才子,贪于饮食,冒于货贿,侵欲崇侈……天下之民比以三凶,谓之饕餮。"后人用饕餮这个恶兽的名字来比喻那些贪得无厌之徒;晋朝的顾荣和同僚宴饮,看见烧烤肉的人有想吃烤肉的表情,顾荣割下一块自己的烤肉赏给他吃。后人将看见食物垂涎三尺,叫做有欲炙之色。未能和大家同桌饮宴,叫做向隅;感谢人家赐给食物,叫饱德,这是根据《诗经》上说的"既醉以酒,既饱以德"的话说的。

【原文】

安步可以当车,晚食可以当肉。饮食贫难,曰半菽不饱;厚恩图报,曰每饭不忘。谢扰人曰兵厨之扰,谦待薄曰草具之陈。白饭青刍,待仆马之厚;炊金爨玉,谢款客之隆。家贫待客,但知抹月披风;冬月邀宾,乃曰敲冰煮茗。君侧元臣,若作酒醴之曲糵;朝中冢宰,若作和羹之盐梅。

【译文】

缓行散步,悠然自得,可以当乘坐车子一样轻松舒适,推迟一点时间,等肚子饿了再吃饭,虽然没有肉,也依然觉得香喷喷的,和吃肉一样有滋有味。家庭贫困,无精美饮食,只能用豆子与米参拌煮饭,就叫做半菽不饱,厚重的恩情,总是萦绕于心,图谋报答,叫做每逢吃饭都不得忘记。晋朝的阮籍性嗜酒,闻步兵厨贮酒三百斛,乃请求做步兵校尉。后人称谢饮食给他人带来麻烦,叫做兵厨叨扰,自己谦说待客菲薄,便说是用草具陈设的酒菜。用白米饭供仆,青色草喂马,这样接待人的仆夫和马匹,可以算是厚意了;炊蒸黄粱黍,烧煮白米饭,以这种方式款待客人,可以称得上极为隆重了。家中贫寒没什么可以让客人娱乐,只知道推开窗户,让明月涂抹前胸,将清风轻拂在身上,又别有一番乐趣,东坡先生就是这样做的;冬月里邀请宾客,便敲开冻冰,取来建溪之水,烹煮名茶,六朝的王休隐居太白山上,便过着这神仙生活。君王身边的大臣,就像用来酿造醇酒的酒曲;王朝中的冢宰,如同调和羹汤的咸盐或酸梅一样。

【原文】

宰肉甚均,陈平见重于父老;夏羹示尽,邱嫂心厌乎汉高,毕卓为吏部而盗酒,逸兴太豪;越王爱士卒而投醪,战气百倍。惩羹吹齑,谓人惩前警后;酒囊饭袋,谓人少学多餐。隐逸之士,漱石枕流;沉湎之夫,藉糟枕曲。昏庸桀纣,胡为酒池肉林;苦学仲淹,惟有断齑画粥。

【译文】

陈平宰割社肉甚为均平，乡中父老都非常推重他；戛釜的声音，是邱嫂所为，她从心眼儿里讨厌出身微贱的刘邦逢餐而来，于是把铁锅敲得丁当乱响，表示羹汤已经吃尽而加以拒绝。晋朝的毕卓做吏部郎，看到邻居酿酒已熟，便夜往盗饮，醉卧于瓮边，这清逸洒脱的兴致，未免太豪爽了；越王勾践伐吴的时候，有人送酒给他，勾践把酒倾在水的上游，令军士迎流饮之，军士都感念他恩惠平均，无不用命，勇气百倍，效力于疆场。被沸热的羹汤烫过的人，连吃已冷的齑菜，都要用嘴吹一吹，这是描绘曾经吃过苦头，以后长期戒备的样子；盛酒的皮囊，装饭的口袋，这是形容人的学问浅薄，光会多吃酒饭的意思。晋朝的孙楚将欲归隐，误说当漱石枕流。王济讪笑了他。孙楚辩解说："用石头漱口，可以砺齿；用流水做枕，可以洗耳。"晋朝的刘伶是个沉湎于杯中物的醉鬼，垫在身下的是酒糟，头枕的是酒曲。昏庸无道的桀纣，为什么要盛酒为池，堆肉为林，作长夜之饮呢？勤苦求学的范仲淹，少年孤贫，在僧庙里读书，惟有切断齑菜，划分粥块，每日定量充饥而已。

【新增文】

钟阜山庄赤米，隐士加餐；邯郸旅邸黄粱，仙人入梦。小儿盗禾亩，孔琇之按罪何妨；逸马犯麦田，曹孟德自刑犹尔。易秕以粟，邹侯为民庶之意拳拳；煮豆燃萁，子建悟兄弟之情切切。狄山之肉，旋割旋生；青田之壶，愈倾愈溢。

【译文】

周颙遁隐钟山，他吃的是赤色米，据说这种米可以增加餐饭；邯郸旅舍中，有个卢生，遇见吕公，自言贫困，吕公给他一个枕头，让他卧睡，卢生便梦见自己出将入相五十余年，顷刻醒来，看见主人煮的黄粱饭还未煮熟。小儿偷取田里的禾稻，孔琇说："十岁尚能为盗，长大何所不为？"按律办罪，县中为之肃然，这有什么妨碍？曹孟德下令军士无犯麦田，忽然他胯下坐骑受惊冲入麦田。曹公说："如果不自我惩罚，如何管束下属？"于是割发代首，全军震动。邹穆公让黎民百姓用自家的秕糠来换取皇仓里的米粟，他说："粟藏在皇仓与藏在民间有何不同?"他恳切为民,拳拳不已;曹丕欲害子建,令他七步成诗,子建吟道:"煮豆燃豆萁,豆在釜中泣。本是同根生,相煎何太急。"子建省悟兄弟的情分,真切动人。《山海经》上记有这样的传说,狄山上生长着视肉,聚肉形如肝,有两目,食之不尽,一边割去,一边又很快地生长出来;青田国有仙果,果核很大,可容斗米,纳米其中,不一时就能酿成酒,号青田壶,愈倾倒愈流注不完。

【原文】

我爱鹅儿黄似酒,雅可怡情;人言雀子软于绵,最堪适口。多才之士,谢茶而赠我好歌;好事之徒,载酒而问人奇字。挹东海以为醴,庶畅高怀;折琼枝以为馐,可舒雅志。云子饭可入杜句,月儿羹见重柳文。烧鹅而恣朵颐,且愿鹅生四掌;炮鳖而充嗜欲,还思鳖著两裙。种秫不种粳,陶公若以酒为命;窖粟不窖宝,任氏则以食为天。红苋紫茄,种满吴兴之圃;绿葵翠薤,殖盈钟阜之区。

【译文】

苏东坡有诗云:"鹅儿黄似酒",我爱这诗句的幽雅,可以怡悦性情;东坡又有诗道:"披锦黄雀漫多脂",因而人说雀子的肉,轻软似绵,最可口适宜。卢仝性嗜茶,每逢别人送来上等的茶叶,便以好诗回报,孟谏议曾送茶上门,作诗云:"开缄宛见谏议面,手脱月团三百片";扬雄博学嗜酒,有好事的人,带着酒找上门来求教那些奇奇怪怪的字。挹注东海之水来做醴酒,或许可以畅述那高尚的情怀。攀折琼枝玉树做珍馐而食,或许可以舒扬那幽雅的志向。云子饭可入杜甫诗句,因为他有"饭抄云子白"的诗句。月儿羹,是唐文宗吃的,当柳公权献上《龙城记》时,皇上分赐他吃,这是器重他的文章。烧炙鹅掌,尽管鼓动腮帮大嚼,味道极佳,难怪唐时僧人光谦曾说:"愿鹅生四掌";炮煮鳖裙,烹调美味,大饱口福,还梦想着一鳖能生长两裙才好,这也是僧人光谦的美好愿望。陶渊明做彭泽令的时候,有公田三百亩,令家人皆种秫不种粳,因为秫米能酿酒喝,这是他爱酒如命;秦二世败,豪门贵族争相窖藏金宝,任氏独窖米粟,后来米价暴涨,民不得食,任氏独不忧,这是因为他深知民以食为天的道理。梁朝的蔡博做吴兴太守的时候，郡斋前种满红苋紫茄，人们望着姹紫嫣红的园圃，褒奖他清廉从政；周颙遁隐钟山，宅边地角都种满了翠色的薤韭，绿色的葵菜。

宫 室

新增文十二联

【原文】

洪荒之世,野处穴居。有巢以后,上栋下宇。竹苞松茂,谓制度之得宜;鸟革翚飞,谓创造之尽善。朝廷曰紫宸,禁门曰青琐。宰相职掌丝纶,内居黄阁;百官具陈章疏,敷奏丹墀。木天署学士所居,紫薇省中书所莅。金马玉堂,翰林院宇;柏台乌府,御史衙门。布政司称为藩府,按察使系是臬司。潘岳种桃于满县,人称花县;子贱鸣琴以治邑,故曰琴堂。

【译文】

上古洪荒的世界中,人们都在野外聚集,在穴窟里居住;有巢氏王天下后,才教会人们架木做巢,从这以后,人们再建造房屋,才晓得屋脊上要架起栋梁,房梁下要盖起屋宇。"如竹苞矣,如松茂矣",这是《诗经》里说的,比喻宫室制度合宜;"如鸟斯革,如翚斯飞",也是《诗经》里说的,比喻创造房屋的完善。朝廷是皇帝居住的地方,常年种植紫金枫树,所以叫做紫宸;宫门禁令相当严格,每用青色涂墙,并加锁闭,所以叫做青琐。《礼记》上说:"王言如丝,其出如纶。"意思是说王言微细如丝,当其出而推行于天下则威力渐大而如纶。故后世称帝王的诏出为丝纶。宰相的职责,就是掌管帝王诏书的,他居住在内府——黄阁里。百官上朝呈上章疏,敷奏一切,总是跪在红色的阶陛下面。木天署,是翰林学士居住的地方;紫薇省,是内阁中书临莅的所在。金马门、玉堂署,都是翰林庭院、堂宇;柏台同乌府,都是御史官的衙门。布政司,又称作藩台府第;按察司,是执法官的府衙。潘岳做河阳县官,全县里种植的都是桃树,所以人称河阳县是花县;宓子贱做单父的县官,终日弹琴,身不下堂而单父大治,后人便称县衙叫做琴堂。

【原文】

潭府是仕宦之家，衡门乃隐士之宅。贺人有喜，曰门阑霭瑞；谢人过访，曰蓬荜生辉。美奂美轮，礼称屋宇之高华；肯构肯堂，书言父子之同志。土木方兴，曰经始；创造已毕，曰落成。楼高可以摘星，屋小仅堪容膝。寇莱公庭除之外，只可栽花；李文靖厅事之前，仅容旋马。恭贺屋成，曰燕贺；自谦屋小，曰蜗庐。民家名曰间阎，贵族称为阀阅。朱门乃富豪之第，白屋是布衣之家。

【译文】

幽深的府第，总是仕宦人家，横木做的门，乃是隐逸士人的住宅。庆贺人有欢喜的事情，便说门阑上有云霭瑞气；答谢人过门来访问，便说连蓬户荜门，都生出光辉。"美哉奂焉，美哉轮焉"，是《礼记》中称颂屋宇的高华；"厥子乃弗肯堂，矧肯构。"是说父子共同有所创造与成就。土木刚刚动工，叫做经营开始；盖造完毕，叫做落祭成功。楼房高耸，站在上面仿佛可以采摘星辰；房屋太小，只能够容纳双膝。寇莱公的庭堂外面，空地很少，只能栽花种草；李文靖的中厅前面，地方狭小，仅容得旋转一匹马。亲自去庆贺人家房屋落成，便说燕雀相贺；自己谦说房屋狭小，便说如同蜗牛的庐舍。庶民之家，叫做间阎；贵重的宗族，称作阀阅。朱漆红门，是豪门富翁的宅第，白茅盖顶，乃是布衣寒士之家。

【原文】

客舍曰逆旅，馆驿曰邮亭。书室曰芸窗，朝廷曰魏阙。成均辟雍，皆国学之号；黉宫胶序，乃乡学之称。笑人善忘，曰徙宅忘妻；讥人不谨，曰开门揖盗。何楼所市，皆滥恶之物；垄断独登，讥专利之人。荜门圭窦，系贫士之居；瓮牖绳枢，皆窭人之室。宋寇准真是北门锁钥，檀道济不愧万里长城。

【译文】

做客的馆舍，叫做迎逆众旅的地方，驿站上的馆舍，被称作传递文书和投止的邮亭。读书的小屋,叫做芸窗;天子的朝廷,叫做魏阙。成均同辟雍,是国立学校的名号;黉宫和胶序是乡立学校的称呼。嘲笑人健忘,便说如同搬家时忘了携带妻子一样;讥诮人不谨慎,便说是打开门户,揖请强盗进宅。宋朝京城内有何姓的楼,楼下所卖的物品,都是低劣的破烂;登上垄断的高位,左右窥视而盈利,这是讥诮那些蝇营狗苟的专利小人。荜门圭窦,是贫穷士子居住的地方;瓮牖绳枢,是穷困潦倒之人的家室。《宋史》载,宋真宗派寇准知天雄军,契丹使者对寇准说:"相公望重,何不在中书。"寇准回答说:"皇上以朝廷无事,北门锁钥,非准不可。"檀道济领兵伐魏,粮竭,便在晚上大声吆喝着称量沙子,伪装粮食充足,魏军便不敢来追,真不愧是万里长城了。

【新增文】

榱题一建,风雨攸除。百堵皆兴,周邦巩固;重门洞辟,宋殿玲珑。晋公堂下植三槐,相臣地位;靖节门前栽五柳,隐士家风。退思岩,是鱼头参政退思时;知妄室,乃半山居士知妄处。蓂生神尧阶下,竹秀唐帝宫前。

【译文】

榱桷题头,一经建筑起来,那风雨自然都除去了。《诗经》有诗说:"似续妣祖,筑室百堵",是说建起的房屋鳞次栉比,绵亘百里,象征着周朝的家邦强大、巩固。壮丽的宫殿,深邃的宅第,重重相对的门,一一打开,一眼望不到尽头,这是说宋太祖的楼堂殿宇玲珑剔透,巧夺天工,壮丽非凡。宋朝王祐有功而不得拜相,他在堂下手植三棵槐树,对人说:"吾子孙必有为三公者。"后王旦果为相,这是对自家的卓著功勋足以荣登相位,有着充分的自信;陶渊明解印归隐,居柴桑,门前栽五柳,号五柳先生,这是洁身自好、不媚权贵的高隐士人家风。宋朝的鲁宗道号鱼头参政,自营一室叫退思岩,每逢退朝之时独居其中,冥思苦想朝中政事;宋朝的王安石,自号半山居士,自筑一室叫知妄室,自书语录云:"知妄为妄,即妄是真。认妄为真,虽真亦妄。"时刻提醒自己参政议政,不能单凭主观臆断而胆大妄为。尧帝土阶三尺,下有草叫蓂荚,每月从初一起,一天生一叶,十五日后每天落一叶;唐玄宗兄弟间十分友爱,宫殿后苑竹丛幽密。帝对诸王说:"兄弟相亲,当如此竹。"

【原文】

夹马营中，异香遍达；盘龙斋内，瑞气常臻。月榭已成，剩有十分佳景；雪巢既构，应无半点尘埃。避风台，妃子扬歌；凌烟阁，功臣列像。碧鸡坊里神仙至，朱雀桥边士子游。浣花溪上草堂，最是杜公乐地；至道坊间土窟，更为司马胜居。

【译文】

宋太祖生于夹马营中，赤光满堂，异香一月，遍达营盘帷帐；刘裕年幼有大志，曾筑一小斋，匾曰盘龙，常有祥瑞的气象绕于屋脊梁上。唐代的裴度筑绿野堂，赏月的楼榭建成，同风台、燠馆相对，留下十分美妙的景色；宋朝的林景思作庐舍，雕琢的是冬天雪景，名之曰雪巢。想那琼楼玉宇，何处能染半点尘埃？汉成帝后赵飞燕，体轻不胜风，帝为其制七宝避风台。飞燕便在这七宝楼台上抚瑶琴，浅斟低唱，翩翩起舞；唐太宗筑凌烟阁，将二十四位辅佐社稷、建功立业的功臣肖像，画在阁上，不忘他们血战疆场，奠定天下的丰功伟绩。碧鸡坊，是神仙能到的地方，朱雀桥，是士子游览的胜地。唐朝的裴冕为杜工部在浣花溪上建造草堂，这是杜甫最喜欢居住的胜地；司马光为参悟玄理，在至道坊掘土作室，实在是特殊的幽居。

器　用

新增文十一联

【原文】

　　一人之所需，百工斯为备。但用则各适其用，而名则每异其名。管城子、中书君，悉为笔号；石虚中、即墨侯，皆为砚称。墨为松使者，纸号楮先生。纸曰剡藤，又曰玉版；墨曰陈玄，又曰龙脐。共笔砚，同窗之谓；付衣钵，传道之称。

【译文】

　　一个人生活中所需要的物品，需要百种工匠的辛勤劳动才能使之完备。然而每件物品都有它适用的地方，它们的名称也是各种各样。唐韩愈的《毛颖传》说，秦始皇的时候，有个中山人叫毛颖，封在管城，便被称做管城子，又拜中书令，皇上称他中书君，后人把这两个名称都作为笔的称号；宋代苏易简的《文房四谱》说：石虚中，是古时南越人，字居默，曾封即墨侯，为人器度方圆，后人便把他们作为砚的称谓。唐玄宗用的墨上，有一小道士如蝇行走，自称是墨精，号松使者，故而墨又被叫成这个别名。楮先生是会稽人，与毛颖友善，出处必偕，所以人称毛颖为笔，称楮先生为纸。剡溪的藤条能造纸，成都浣花溪造的纸光洁如玉，所以纸又被人称为剡藤、玉版；陈玄是毛颖的好朋友，往来相处，形影不离，故而人称毛颖为笔，陈玄是墨。又因为唐玄宗使用的墨叫龙脐香，所以人们又称墨为龙脐。不分彼此地共同使用一支笔、一方砚，说的是同窗好友；将衣衫和钵盂传给后人，是传道的代名词。

【原文】

　　笃志业儒，曰磨穿铁砚；弃文就武，曰安用毛锥。剑有干将镆邪之名，扇有仁风便面之号。何谓筲，亦扇之名；何谓籁，有声之谓。小舟名舴艋，巨舰曰艨艟。金根是皇后之车，菱花乃妇人之镜。银凿落原是酒器，玉参差乃是箫名。刻舟求剑，固而不通；胶柱鼓瑟，拘而不化。斗筲言其器小，梁栋谓是大材。

【译文】

五代时的桑维翰屡次应举，主司讨厌他的姓与丧同音，不予录取，桑维翰便做出《日出扶桑赋》，还用铁铸就一方砚台，发誓说："如果这个砚台磨穿了，我就再也不赶考应举了。"后人将矢志不渝地钻研儒学，称做磨穿铁砚；五代时的宏肇曾说："安朝廷、定祸乱，直须长枪大剑，毛锥子（指笔）安足用哉。"所以后人把弃文就武，投笔从戎，叫做安用毛锥。

吴王阖闾派干将铸剑，干将和他的妻子镆邪，断发剪指，投入炉中，造成阴阳二剑。阳曰干将，阴曰镆邪。晋朝的袁宏去做东阳太守时，谢安以扇赠行，袁宏说："愿用这把扇子弘扬仁爱风尚，抚慰那里的黎民百姓。"汉朝的张敞走马章台街，以扇遮面，不让人见，因此，后人称扇子叫做仁风、便面。蒆莆是一种瑞草，尧时生于庖厨，叶能生风，关西把它叫做扇，关东把它叫做箑。什么叫做籁呢？风声为天籁，水声为地籁，笙竽声为人籁，所以风吹万物有声为籁。

小船划起来非常轻快，依其形状，称作舴艋，大战船则四面用板，防御敌箭的射击。外狭而长，所以叫做艨艟。金根，是皇后坐的轻车。菱花，是妇人用的镜子。银凿落是饮酒的器具，玉参差是吹奏的排箫，南宋词人姜夔曾有两句诗说："剪烛屡呼银凿落，倚窗闲品玉参差。"写出了词人生活的恬静。

楚国有一个过江的人，在船上把剑掉入水中，他便在船帮上刻一记号说："这是我失落剑的地方，在这里可以找到剑。"这种人固执而不晓变通。鼓瑟必须转动弦柱，用来调节音阶之高低，如果用胶粘住了瑟柱，那么弦音就不能奏出美丽的乐章，这是比喻拘泥不化、执拗愚钝的人。斗筲是形容人的气量狭小，栋梁是赞誉人能独当一面。

【原文】

铅刀无一割之利，强弓有六石之名。杖以鸠名，因鸠喉之不喧;钥同鱼样,取鱼目之常醒。兜鍪系是头盔,叵罗乃为酒器。短剑名匕首,毡毯曰氍毹。琴名绿绮焦桐,弓号乌号繁弱。香炉曰宝鸭,烛台曰烛奴。龙涎鸡舌,悉是香名;鹢首鸭头,别为船号。寿光客,是妆台无尘之镜;长明公,是梵堂不灭之灯。桔槔是田家之水车,袯襫是农夫之雨具。

【译文】

铅铸的刀,没有一次切割的锋利,强硬的弓,竟有六石(一石合120斤的力)的强度。老年人拄的拐杖,叫做鸠杖,因鸠鸟是不喧的鸟,祝福老人饮食昼夜不喧之意,门上的锁钥,做成鱼形,取鱼不管昼夜,永远不会瞑目,能守夜的意思。兜鍪,是武将头上的盔,叵罗,是盛酒的器具。短小的剑,其首像匕,所以叫做匕首。毡毯是毛织品,又叫氍毹。琴的名目还有绿绮和焦桐,柘树枝长而聚满乌鸦,用飞枝弹鸟,乌号呼,以柘为弓,因名曰乌号。繁弱是地名,盛产良弓,所以乌号和繁弱是弓的代称。香炉铸成鸭的形状,所以叫做宝鸭,烛台刻童子执烛,所以叫做烛奴。龙涎和鸡舌,都是香的名目,鹢首鸭头,都是舟船的称呼。寿光是隋朝御史王度的宝镜,时蒲陕一带有大疫,王度令人持镜照之,病者皆愈,所以说寿光客,是不染人间尘埃的宝镜;长明公的佛灯,点燃在佛寺的殿堂上,便永不会熄灭。桔槔,是种田人家用的水车,袯襫,是农夫避雨的器具。

【原文】

乌金,炭之美誉;忘归,矢之别名。夜可击,朝可炊,军中刁斗;云汉热,北风寒,刘褒画图。勉人发愤,曰猛著祖鞭;求人宥罪,曰幸开汤网。拔帜立帜,韩信之计甚奇;楚弓楚得,楚王所见未大。

【译文】

乌金,是炭的美誉;忘归,是矢箭的别名。夜里可以敲击,早上可以烧饭,这是军中所用的刁斗。后汉刘褒画云汉图,观者皆热,画北风图,观者皆凉。晋朝的刘琨和祖逖一同起兵救晋,曾与亲故书云:"吾枕戈待旦,志枭逆虏,尝恐祖生先吾着鞭。"后人把勉励他人奋发进取,叫做猛着祖鞭。昔成汤见出猎者,张网四面,还祷祝说:"皆入吾网。"成汤说:"噫!尽之矣。"乃解其三面。诸侯闻之曰:"汤德至宏,泽及禽兽,况于人乎。"后人把求人宽宥罪过,叫做幸得成汤,网开三面。

韩信攻赵的时候,派奇兵拔去赵营的白旗,竖起汉朝的红旗,赵兵以为大本营已被汉军占领,顿时大乱,汉军乘势夹击,大破赵军,这个计策很是新奇。楚共王出游的时候,丢掉一张楚国生产的乌号良弓,对随从说:"楚人失弓,楚人得之,何必再寻找呢?"楚王这个见识,只想到楚国的人,并不远大。

【原文】

董安于性缓,常佩弦以自急;西门豹性急,常佩韦以自宽。汉孟敏尝堕甑不顾,知其无益;宋太祖谓犯法有剑,正欲立威。王衍清谈,常持麈尾;横渠讲易,每拥皋比。尾生抱桥而死,固执不通;楚妃守符而亡,贞信可录。

【译文】

董安于性情太缓了,常把弓弦佩戴在身上,用以督促自己的行动迅速一点;西门豹性情太急了,常把皮革佩戴在身上,用来提醒自己的行动宽缓一些。

汉朝的孟敏曾把瓦甑掉在地上,便不再回头观看,他知道瓦甑已破了,回顾也没有什么益处;宋太祖曾说:"苟犯吾法,朕惟有宝剑在此。"这是要确立自己的威严。晋朝王衍闲坐清谈的时候,手里常拿着拂尘;宋朝张载讲谈《易经》的时候,常常拥着虎皮的座褥。

尾生与女子相约在兰桥相会,久等那女子不到,忽然河水暴涨,尾生手抱桥柱而死,守信固然很好,但未免太固执而不知变通了;楚昭王出游,留妃子贞姜在渐台,一会儿又派使臣去迎接,忘记携带信符,那妃子不肯随行,忽然大水涌到台上,贞姜被水淹死了,这等忠贞信实,实在值得大书特书,青史留名。

【原文】

温峤昔燃犀,照见水族之鬼怪;秦政有方镜,照见世人之邪心。车载斗量之人，不可胜数；南金东箭之品，实是堪奇。传檄可定，极言敌之易破；迎刃而解，甚言事之易为。以铜为鉴，可整衣冠；以古为鉴，可知兴替。

【译文】

温峤到牛渚，燃烧犀牛角，水里鳞族介族以及鬼魅妖怪，都可以照见；秦始皇有一面方镜，能够照见世界上人们的邪心。

三国时孙权遣都尉赵咨出使魏国，魏文帝接待使臣表面上很友好，却在言谈中嘲笑赵咨，问道："你们吴国像你这样的人有多少？"赵咨机智地对答："聪明特达者，八九十人。如臣之比，车载斗量，不可胜数。"车载斗量，是形容人多易得；《尔雅·释地》："东南之美者，有会稽之竹箭焉；西南之美者，有华山之金石焉。"这两种物品实在是珍奇难得。

只要传出一纸檄文，便可平定天下，是说敌人极易攻破；碰上锋刃，便能分解开来，是说事情很容易做到。

用精铜做镜子，可以整饰身上的衣冠；用历史做镜子，可以知道历代的兴衰更迭，这是唐太宗的卓见。

【新增文】

侧理为纸别号，玄香乃墨佳名。砚彩鲜明，公权曾评鸲眼；笔锋劲健，钟繇惯用鼠须。匕首一见惊秦王，蝥弧先登降敌国。蛇矛龙盾，声雄太乙之坛；紫电清霜，质炼昆吾之剑。为炊必用土锉，汲井应藉辘轳。睡爱珊瑚枕上凹，人情乃尔；饮怜琥珀杯中滑，我意犹然。

【译文】

侧理是纸的别号，玄香是墨的佳名。砚台上的光彩鲜明好看，柳公权曾评说道："砚上有赤白黄点子叫鹳鸲眼"；笔锋劲健有力，莫如钟繇惯用鼠须做笔写出的字。

荆轲于大堂之上，献出燕国的地图，图穷而匕首见，轲抄匕首刺向秦王，始皇大惊失色，拼命逃脱。春秋时，郑国进攻许国，颖考叔举起郑国的蝥弧旗，争先登城，敌国果然投降了。

古代出兵征战的时候，都要拿着形似长蛇的矛，画着龙头的盾，到太乙坛上祭祀，使军威雄壮，气势恢宏。孙权的紫电剑，汉高祖斩白蛇的青霜剑，质地精良，是昆吾（今新疆哈密）的金铁冶炼铸造的。烧柴做饭，必定要用土灶瓦锅，汲引井水，应该要依靠圆轴辘轳。

安睡的时候，总爱睡在珊瑚枕的凹陷处，才舒适惬意，这是人之常情；饮酒也爱使用玲珑剔透的琥珀杯盏，我的心思也同他人的心思一样。

【原文】

石季龙坐五香度上，李太白卧七宝床中。云绕匡庐，案化葛仙之麂；浪翻雷泽，梭飞陶母之龙。庾老据胡床谈咏，诸佐皆欢；孔明执羽扇指挥，三军用命。以圣贤为拄杖，却优于九节苍藤；用仁义作剑锋，绝胜于七星白刃。上公膺宠命，已知高坐肩舆；末士少豪雄，可惜倒持手版。

【译文】

石崇家里的坐席，用锦缎裹着五种香气，来款待宾客。李太白被唐明皇宠爱，用七种珍宝镶嵌的床榻，让他睡卧。葛仙翁隐居在匡庐山上，四面烟云缭绕，他刻的桐木几案，有一天忽然化成白鹿乘风而去；晋时陶侃的母亲有一把织布梭子挂在墙壁上，它是陶侃在雷泽里捕鱼时网到的。一天，雷雨大作，雷泽波浪翻腾，织布梭化成飞龙，腾空而去。

晋朝的庾亮盘坐在马扎（胡床）上，同人谈论道德，吟咏诗歌，他的许多僚佐都非常愉快；诸葛亮手执羽扇，指挥三军，那军营里所有的将士，都遵从他的命令。将圣贤当做拐杖随时依靠，比那九节的苍藤要优越得多；用仁义做宝剑的锋芒，比那镶嵌七星的白刃要强过数倍。

三国魏有个钟繇，他做上公之时，接受皇上加恩特赐的任命后，居然坐着轿子入朝；晋朝的桓温想要谋反，有一天召谢安、王坦之商议大事，王坦之没有雄豪胆略，看见桓温心里恐惧异常，连手持的朝版都拿颠倒了。

珍　宝

新增文十联

【原文】

山川之精英，每泄为至宝；乾坤之瑞气，恒结为奇珍。故玉足以庇嘉谷，珠可以御火灾。鱼目岂可混珠，碔砆焉能乱玉。黄金生于丽水，白银出自朱提。曰孔方，曰家兄，俱为钱号；曰青蚨，曰鹅眼，亦是钱名。可贵者明月夜光之珠，可珍者璠玙琬琰之玉。宋人以燕石为玉，什袭缇巾之中；楚王以璞玉为石，两刖卞和之足。惠王之珠，光能照乘；和氏之璧，价重连城。

【译文】

名山大川的精华，每每流泄出来，就是最好的宝物；高天厚地的瑞气，常结聚起来，就是奇异的珍宝。所以好的玉器足可以庇护米谷，好珠子可以防御火灾。鱼目虽圆，岂能混淆珍珠，碔砆虽有玉的光泽，又怎能淆乱白玉。黄金产于丽水河中，白银生在朱提山里。称孔方、称家兄，都是钱的名号。称青蚨，称鹅眼，也是钱的名称。非常贵重的，是明月珠、夜光珠，十分珍贵的，是璠玙、琬琰这种美玉。宋国的愚人，把燕石误认为玉，用层层缇巾重叠地包裹起来；楚厉王和楚武王把璞玉当作石头，说献璞的卞和欺骗他们，所以先后两次砍去卞和的双足。魏惠王有径寸大的珠子，能够光照车乘的前后；赵惠文王有和氏璧，它的价值，可以换取秦国的连城。

【原文】

鲛人泣泪成珠，宋人削玉为楮。贤乃国家之宝，儒为席上之珍。王者聘贤，束帛加璧；真儒抱道，怀瑾握瑜。雍伯多缘，种玉于蓝田而得美妇；太公奇遇，钓璜于渭水而遇文王。

【译文】

晋朝张华著《博物志》有这样一段记载："鲛人从水中浮出，在一户人家居住了几日，卖绢将去，向主人索要一器，泣泪成玉满盘，留给主人。"宋人有为其君者，以玉为楮叶，三年而成，杂在楮子之中，而不能辨其真伪。有贤才的人，是国家的宝贝，读书的人，是坛席上的珍品。

国王聘请有贤才的人，先要捆束币帛，还必须加上一块好的璧玉，这是汉朝的古礼；真正的读书人，怀抱真理，如同怀中揣着珍宝，把玉器握在手里一样，这是屈原《九章·怀沙》中的话："怀瑾握瑜兮，穷不知所示。"

雍伯总是碰到美好的机遇，先是拿石子种在蓝田，蓝田生出美玉后，又拿美玉聘娶了徐氏美妇做自己的妻子。姜子牙垂钓于渭河畔，从鲤鱼肚里得到一块璜玉，上写着"周受命吕佐之"六字，后来果然遇到周文王，请他当国辅佐社稷。

【原文】

剖腹藏珠，爱财而不爱命；缠头作锦，助舞而更助娇。孟尝廉洁，克俾合浦还珠；相如忠勇，能使秦廷归璧。玉钗作燕飞，汉宫之异事；金钱成蝶舞，唐库之奇传。广钱固可以通神，营利乃为鬼所笑。

【译文】

剖开肚子贮藏珍珠，这种人爱惜钱财而不爱惜性命；用锦缎裹缠在头上，这是赞许歌女的歌舞，更是赞许她的娇媚。广东合浦县专出珍珠，遇到贪污的县官，那珠子便源源不断地迁徙到别处去了，后来孟尝（汉人）在合浦做官很廉洁，珍珠又返还原地。赵国的蔺相如有勇气和忠心，秦昭襄王诈称以十五座城来换取赵国的和氏璧，相如自请怀璧前往，既献璧，秦王没有向赵交割十五城之意，相如以计取璧，终得完璧归赵。

汉武帝建造了招灵阁，有神女送武帝一枚玉钗，帝赐给赵婕妤，宫人有见此钗，想要砸碎它，第二天清晨，再看那匣中，玉钗化白燕冲天而去，这真是汉朝宫廷中奇异的趣事；唐穆宗时，皇宫里的牡丹盛开，有黄白蛱蝶数万，飞集花间，穆宗令张网捕之，得数百，仔细一看，都是金钱，这是唐朝金库里奇怪的传闻。

唐朝的张延赏将判狱，忽案上有一帖云："奉钱十万贯。"张延赏说："钱至十万，可以通神，吾惧祸及，不敢为也。"宋朝的刘伯龙做了几任官，家中依然贫穷，他在家中经营小本生意营利，一鬼在旁拊掌大笑，伯龙叹息道："看来贫穷是命中注定，今天竟被鬼所耻笑。"

【原文】

以小致大，谓之抛砖引玉；不知所贵，谓之买椟还珠。贤否罹害，如玉石俱焚；贪婪无厌，虽锱铢必算。崔烈以钱买官，人皆恶其铜臭；秦嫂不敢视叔，自言畏其多金。熊衮父亡，天乃雨钱助葬；仲儒家窘，天乃雨金济贫。

【译文】

《韩非子》上载："楚人卖珠，为木兰之椟（木匣），熏以桂椒，缀以珠玉，饰以玫瑰，缉以翡翠。郑人买其椟还其珠。"后人把去取不当叫做买来木椟，归还珍珠。贤能与卑劣一同遭到祸害，如同美玉和沙石共同被焚毁。贪求财利而毫不知足的人，虽是一锱一铢，也必定要算计。

汉灵帝时卖官鬻爵，崔烈用了五百万金钱，买了一个司徒的官来当，他问儿子："我位居三公，外边的议论如何？"其子说："大人素来负有盛名，多年历任卿守之职，只是现今的显位充满铜臭。"苏秦，字季子。初说秦不遇，归，妻不下机，嫂不为炊。后游说赵国，被封为武安君，受相印。路过洛阳回家时，嫂四拜自跪而不敢仰视。苏秦问："嫂何前倨而后恭乎？"嫂答道："以季子位尊而多金。"

唐朝熊衮为御史大夫，奉公守法，家无积私，父死不能安葬，日夜号哭，一日，天雨钱十万，帮助他安葬了父亲；翁仲儒家道窘迫，一天早上，天上降下十斛金子，周济他的贫穷。

【原文】

汉杨震畏四知而辞金，唐太宗因惩贪而赐绢。晋鲁褒作钱神论,尝以钱为孔方兄;王夷甫口不言钱,乃谓钱为阿堵物。然而床头金尽,壮士无颜;囊内钱空,阮郎羞涩。但匹夫不可怀璧,人生孰不爱财。

【译文】

有人夜里送金给杨震,还说:"夜暮无人知。"杨震说:"天知地知,你知我知,怎能说没人知晓呢?"那人自愧无颜,携金而去。长孙顺德受人馈绢,事发后,唐太宗要惩戒他的贪污行为,又赐绢十匹,并说:"彼有人性,得绢之辱,甚于受刑。"晋鲁褒作的《钱神论》,曾把钱称为孔方兄;王夷甫妻郭氏,喜聚敛,夷不悦,口不言钱,郭氏以钱绕床来试探,夷甫见之,命婢女"取去眼前这阿堵物"。然而一但床头的黄金用完了,即便是伟丈夫,也觉脸面没有光彩;阮孚的钱囊里还只剩一文钱,他说:"让它看守囊中。"惟恐此囊感到羞涩。匹夫不可以怀藏璧玉,怀藏璧玉可能影响生命安全。但是钱财确实是个好东西,人生哪有不贪爱钱财的呢?

【新增文】

斑斑美玉,瑟瑟灵珠。琉璃瓶最宜卜相,琥珀盏尤可酬宾。嗣续将盛,鸣鸠化金带之钩;爵禄弥高,飞鹊幻玉纹之印。魏博铁铸错,犹惜不成;张说记事珠,忽然顿悟。

【译文】

鲜明温润的美玉,晶莹圆丽的明珠。琉璃瓶最适宜用来占卜宰相。五代时候,朝廷要选宰相,就是把每人写的姓名放在瓶内,焚香卜告天地,然后选出。琥珀盏,是应酬宾客酌酒用的器具,取其琥珀明亮、能延年益寿。古时山西有个张氏,看见一只鸠飞来,投入怀中,化为金色的带钩,后来他的子孙,很是蕃盛;唐朝有个张璟,看见一只飞鹊忽然坠落在地上,化而为石,剖开来得一玉印,印文为:"忠孝侯之印",后果然封侯,官爵高升,俸禄富厚。五代时的罗绍威因魏博镇的牙兵骄横不可制,而尽杀之,但却因此被朱温所困,他很懊悔,说:"聚六州四十三县的铁,铸成一个错,也不会这样大。"唐朝宰相张说(yuè)用珠子记事,如有事忘记,拿起珠子一想,便顿时觉悟过来。

【原文】

夏桀乃昏庸主，国有瑶台；郭况是贵戚卿，家多金穴。韩嫣一出，儿童觅绿野之金丸；汉祖既还，亚父撞鸿门之玉斗。刻岷姬之形以玉，好色惟然；铸范蠡之像以金，尊贤乃尔。珊瑚树，塞满齐奴之室；玛瑙盘，捧来行佟之家。

【译文】

夏桀这昏庸无道的君主，不但做肉林酒池，还为自己建造琼宫瑶台；郭况是汉光武的内弟，这尊贵的国戚，很得皇上宠幸，赏金甚多，时人称他家是金穴。

韩嫣性奢侈，曾用金子做打鸟的弹丸，京城小儿每见嫣出猎，便随行，到野外草丛里去寻觅弹丸。所以长安人说："苦饥寒，逐弹丸"；汉高祖刘邦到鸿门赴宴，范增劝项羽在席上杀死他，项羽不忍，刘邦得以逃归，亚父范增用剑击破刘邦逃走时留赠给他的玉斗，怒道："将来夺项王天下的人，必定是这刘邦。"

夏桀兵伐岷山，岷山之君献给夏桀两个美女，一叫琬，一叫琰，桀受二女，刻其名在苕华玉上，这是嗜好女色的缘故；越王勾践破吴后，范蠡深知"狡兔死，走狗烹，飞鸟尽，良弓藏"这一古之名训，遂泛舟游于五湖，不知下落。勾践思念他，以黄金铸像而朝礼，以示尊贤之意。石崇生于青州，小名齐奴。珊瑚玉树，他家里塞满了一屋；唐朝裴行佟有玛瑙玉盘，广二尺，名贵非常。一军吏捧端盘时不慎跌碎，军吏很害怕，叩头流血。行佟安慰他说，你不是有意的，不必如此。

【原文】

燕昭王之凉珠，炎蒸无暑；扶馀国之火玉，冽冱无寒。锦帆锦帐，炫人耳目；金埒金坞，骇我见闻。从吾所好，岂曰富而可求；有命存焉，当以不贪为宝。

【译文】

燕昭王有招凉珠，即使暑月炎蒸，炙热灼人，将珠揣在怀里，便没有暑气；扶余国献给唐武宗的火玉，可以燃鼎，虽到寒气逼人、凛冽刺骨的冬季，把火玉放在室中，就不必披裘。石崇和王恺攀比富豪，用锦做帆,用锦做帐,照耀得人家睁不开眼睛;晋王武子养马,编钱布地,号金埒。董卓筑郿坞,高厚七丈,与长安城等,积黄金数十万于其中,人称金坞,这些让我听了惊骇不已,说不出话来。富贵难道是可以追求得到的吗?让我走自己的道路好了;死生是命中注定,贫富也不例外,所以要像子罕说的那样,当以不贪为宝。

贫　富

新增文十联

【原文】

命之修短有数，人之富贵在天。惟君子安贫，达人知命。贯朽粟陈，称羡财多之谓；紫标黄榜，封记钱库之名。贪爱钱物，谓之钱愚；好置田宅，谓之地癖。守钱虏，讥蓄财而不散；落魄夫，谓失业之无依。贫者地无立锥，富者田连阡陌。

【译文】

人的寿命，或短或长，生来便有定数，人的命运，或富或贵，上天自有安排。惟有贤能君子，能够安处贫穷，通达的人，知道生来的命运。贯穿钱币的绳索都腐朽了，仓里的米粟都陈旧了，这是称羡人家多财的话语；梁武帝萧衍生性爱钱，百万一聚，挂以黄榜，千万一库，挂以紫标，这是他封闭钱库的标记。晋朝的和峤官至太傅，富贵可以同亲王相比，然而生性吝啬，一文不枉费，杜预称他为钱愚；唐朝的李恺喜置田宅，田地一望无际，人称他是地癖。守钱奴，是讥诮那些蓄积钱财，不肯施散之辈；落魄夫，是说那些失业而又没有依靠的人。贫穷的人，连立锥的地方都没有，富贵的人，置买田亩，阡陌相连。

【原文】

室如悬磬，言其甚窘；家无儋石，谓其极贫。无米曰在陈，守死曰待毙。富足曰殷实，命蹇曰数奇。苏涸鲋，乃济人之急；呼庚癸，是乞人之粮。家徒壁立，司马相如之贫；炭廖为炊，秦百里奚之苦。鹄形菜色，皆穷民饥饿之形；炊骨爨骸，谓军中乏粮之惨。

【译文】

室如空磬倒悬,是说生活极为窘迫的样子;家中没有两斗米的储蓄,是说贫穷到了极点。哀公四年,楚派人聘孔子,孔子往拜,路过陈、蔡两国时,被兵阻隔,孔子不得行,绝粮七日,后人把无粮为炊,叫做"在陈"。郑祭仲劝郑庄公讨伐公叔段,庄公说:"多行不义,必自毙,子姑待之。"后将守在原地等死叫做待毙。富足的人家,所积盛大充满,称为殷实,命运乖蹇的人,总碰不上好机会,叫做数奇。

有则寓言说车辙中有条鲋鱼,求斗升之水而活命,后人便用涸鲋比喻身陷困境的人,救援这样的人,叫做苏涸鲋;春秋时吴王夫差与晋鲁等国会盟,吴大夫申叔仪到鲁国乞粮,军中用隐语,呼号庚癸。后来向人乞粮、告贷,都延用"呼庚呼癸"或"庚癸之呼"。家室里面,徒然有四壁直立,别无他物,这是说司马相如的贫穷;炊饭而没有柴草,只能卸下门栓当柴烧,这是百里奚相秦前的困苦。

形同鹄鸟,嶙峋瘦削,面如菜色,无润无光,这是困顿潦倒、贫穷饥饿的形象;以人骨做柴烧,拿尸骸作粮食,这是军中缺乏口粮的惨状。

【原文】

饿死留君臣之义,伯夷叔齐;资财敌王公之富,陶朱倚顿。石崇杀妓以侑酒,恃富行凶;何曾一食费万钱,奢侈过甚。二月卖新丝,五月粜新谷,真是剜肉医疮;三年耕而有一年之食,九年耕而有三年之食,庶几遇荒有备。

【译文】

饿死在首阳山上,也不肯吃周朝的谷粟,把君臣的大义,留存心间,这是商朝的伯夷和叔齐;家里的资财,敌得过王公的富厚,这是越国的范蠡和鲁国的倚顿,晋石崇每次宴请宾客,便令美女陪酒,客不肯饮,他便杀了美女,说她不会劝酒,这是自恃富豪而行凶逞强;晋朝的何曾一日的饮食,要糜费万钱,还说"无下箸处",这样奢华骄侈,未免太过分了。聂夷中有诗云:"二月卖新丝,五月粜新谷,医得眼前疮,剜却心头肉。"这是说蚕还没吐丝,就预售出去,稻谷未成熟就出卖，如同剜去好肉医补疮伤一般；三年的耕种，必留有一年的粮食，九年的耕种，必留有三年的粮食，遇到荒年，也许可以有备无患。

【原文】

贫士之肠习藜苋，富人之口厌膏粱。石崇以蜡代薪，王恺以饴沃釜。范丹土灶生蛙，破甑生尘；曾子捉襟见肘，纳履决踵。子路衣敝缊袍，与轻裘立贫不胜言；韦庄数米而炊，称薪而爨，俭有可鄙，总之饱德之士，不愿膏粱。闻誉之施，奚图文绣。

【译文】

贫穷的士人，肠胃里习惯的是藜藿苋菜，富贵的人家，难以下咽的却是肥肉和稻米饭。石崇豪富，用蜂蜡代替柴薪烧饭，王恺富豪，拿饴糖来洗涤炊饭的锅釜。范丹做莱芜县令的时候，不恤民命，搞得民不聊生，经常没有饭吃，土灶里生出了青蛙，蒸饭的甑子也积满了灰尘；曾子安贫乐道，手捉衣襟，肘腋都露出来了，足蹬鞋子，脚跟都裸露着。子路身着破旧的布袍，同那些身穿轻裘的达官贵人站在一起，这贫穷是难以用语言来描述的；韦庄性情吝啬得很，每次烧饭，都要数数米粒，烧火的柴薪也要称称分量，这种悭吝的行为，实在太可鄙了。总之，德高望重的人，他们的志趣不在于品玩美味佳肴；大名美誉满身的人，哪会再去图谋衣服上的刺绣与装饰。

【新增文】

公孙牧豕营身，宁思相位；灌婴贩缯为业，岂意封侯。郭泰欲为斗筲役，无可奈何；班超更作书写佣，不得已尔。朱桃椎掷还鹿帻，自知本命合穷；苏季子破损貂裘，谁意道之难泰。

【译文】

公孙弘当初以养猪为生，何曾想到宰相的地位；灌婴年轻时以贩布为业，哪里料到日后会封侯呢？郭泰早孤，为生计所迫，要去做职位低微的小役，叹息道："大丈夫焉能处斗筲之役乎？"这是无可奈何的事；班超有大志，家贫，为人写屯田册籍，劳苦异常，投笔叹曰："大丈夫安能久事笔砚间乎?"这也是迫不得已。朱桃椎身穿破烂的衣服,窦轨送他一顶鹿皮头巾,他掷地不要,自己晓得命运注定应该贫穷;苏秦到秦国去游说,把黑貂皮大衣都穿破了,还未谋求到一官半职,这实在是因为他的主张难于被人理解。

【原文】

苦矣卫青作牧,牛背后受主鞭笞;惜哉栾布为奴,马头前代人奔走。扬雄《逐贫赋》,人谓其逐之何迟;韩愈《送穷文》,我怪其送之不早。异宝充盈,王氏都云富窟;佳肴错杂,郇公常列珍厨。

【译文】

最苦的是卫青,少年时候替人家放牛,曾遭受过主人的鞭笞;可惜的是栾布,他自幼就当奴隶,经常鞍前马后,代人奔走。扬雄作《逐贫赋》,人们都说他为什么驱逐得那样晚;韩愈作《送穷文》,我怪他还送得不够早。珍奇异宝,充塞着唐朝王元宝的府库,人们都称他家是富窟;唐代韦陟封郇公,性好奢靡,他的厨房里,山珍海味,相互错杂,人称郇公厨。

【原文】

董卓积宝郿中,压残金坞;邓通布钱天下,铸尽铜山。象牙床,鱼生太侈;火浣衣,石氏何多。妇乳饮豚,畜类翻成人类;儿口承唾,家僮充作用壶。牙墙锦缆,隋炀增远渚之奇;玉凤金龙,元宝侈华堂之胜。

【译文】

董卓积攒许多珍宝,精心建造的金坞,都被压残破了。邓通的钱遍布天下,因为汉文帝赐他一座铜山,任凭他铸造钱币。梁朝的鱼容性奢靡,以象牙造床,镂刻金莲花,并用琥珀龟支撑床脚,真是奢靡无度;晋惠帝时,外国进贡火浣布,帝以为天下稀有,乃自制为衣。一日,惠帝穿火浣衫前往石崇家,岂料石崇的家奴都穿火浣衣,石氏何其富有。晋朝的王武子用妇人的乳汁去饲养小猪,这是把家畜反做人类看待了；用小儿的口来承接痰液，这是晋朝的王朗把家童充做唾壶用了。用象牙做樯，用蜀锦做缆，炫耀于湖面水波之上，这是隋炀帝坐船游戏，要增添山水的奇景；刻玉为凤，雕金做龙，这是王元宝夸耀他府第的华丽。

疾病死丧

新增文十二联

【原文】

福寿康宁,固人之所同欲;死亡疾病,亦人所不能无。惟智者能调,达人自玉。问人病曰贵体违和,自谓疾曰偶沾微恙。罹病者,甚为造化小儿所苦;患疾者,岂是实沈台骀为灾。病不可为,曰膏肓;平安无事,曰无恙。采薪之忧,谦言抱病;河鱼之患,系是腹疾。可以勿药,喜其病安;厥疾勿瘳,言其病笃。疟不病君子,病君子正为疟耳;卜所以决疑,既不疑复何卜哉。

【译文】

福寿康宁,自然是人人所期望的;死亡疾病,也是人人不可避免的。惟有聪明的智者,能够调养身体,豁达超脱的人,自己珍重如玉。问候人家的疾病,叫做贵体违和;自己谦说生病,便说偶染微恙。遭遇病魔的人,都是被造化小儿所困苦;患了疾病,难道真是参神和汾神作祟,才有灾难的吗?病到不可救治的时候,叫做病入膏肓;平平安安没有疾病,叫做无恙。具有不能樵采柴薪的忧患,是谦说自己抱病已久;患了吃河豚的病,是肠胃病。可以不用药了,是庆幸病已痊愈;病痛不瘳是说病势已经很沉重了。疟疾是不侵袭君子的,正因为它侵袭了君子,所以叫它疟疾。长孙无忌和长孙敬德劝李世民诛建成、元吉,世民命卜卦决定。幕僚张公瑾见了,一把将龟扔到地上,说道:"卜以决疑,事在不疑,尚何卜也。"所以,卜卦是决断疑惑的,既然事情很明朗,何必又去占卜呢?

【原文】

谢安梦鸡而疾不起,因太岁之在酉;楚王吞蛭而疾乃痊,因厚德之及人。将属纩,将易箦,皆言人之将死;作古人,登鬼箓,皆言人之已亡。亲死则丁忧,居丧则读礼。

【译文】

谢安梦乘桓温车,行十六里,见白鸡而不再前行,没有能圆梦的,后来桓温死了,谢安代温居相位,十六年后一病不起,谢安这才醒悟,十六里即十六年,见鸡而止,谢安死的那年,正好太岁在酉(鸡的本命年);楚惠王食菹,看见有水蛭,恐怕宰夫有罪,勉强吞下去,事后有个令尹知道了,说:"大王有这样的厚德,虽是吞蛭,有病也必定痊愈。"楚王的病果然好了。将要在人的口鼻上放进丝绵,将要调换寝席,这都是说人将要死亡;已经作古,已登鬼簿,这都是说人已经亡故。双亲死去,是儿女最为忧伤的,所以叫做丁忧,居丧的时候,恐怕失了礼节,所以叫做读礼。

【原文】

在床谓之尸,在棺谓之柩。报孝书曰讣,慰孝子曰唁。往吊曰匍匐,庐墓曰倚庐。寝苫枕块,哀父母之在土;节哀顺变,劝孝子之惜身。男子死曰寿终正寝,女人死曰寿终内寝。天子死曰崩,诸侯死曰薨,大夫死曰卒,士人死曰不禄,庶人死曰死,童子死曰殇。自谦父死曰孤子,母死曰哀子,父母俱死曰孤哀子。自言父死曰失怙,母死曰失恃,父母俱死曰失怙恃。

【译文】

人死尚在床上,叫做尸骸;收殓在棺椁里,叫做灵柩。报告死丧消息的文字,叫做讣告;安慰守孝的人,叫做吊唁。前往吊唁,叫做匍匐,古人居父母丧时所住的房子,叫做倚庐。睡卧在草垫,枕的是土块,这是哀痛父母已经下土,要分担他们痛苦的表示;节制哀思,顺时达变,这是劝说孝子爱惜身体。男子死了,叫做寿终正寝。女子死了,叫做寿终内寝。至于天子死叫做崩,诸侯死叫做薨,大夫死叫做卒,士人死叫做不禄，惟有庶人的死才叫死，童子死叫做殇。父亲死了，自己谦称孤子。母亲死了，自谦叫哀子，父母都死了，自称孤哀子。自己说父亲死了，叫做失怙，母亲死了，叫做失恃，父母都死了，叫做失怙恃。

【原文】

父死何谓考，考者成也，已成事业也；母死何谓妣，妣者媲也，克媲父美也。百日内曰泣血，百日外曰稽颡。期年曰小祥，两期曰大祥。不缉曰斩衰，缉之曰齐衰，论丧之有轻重；九月为大功，五月为小功，言服之有等伦。三月之服曰缌麻，三年将满曰禫礼，孙承祖服，嫡孙杖期，长子已死，嫡孙承重。

【译文】

死去的父亲为什么称考，这考字当成字讲，是说父亲已经把家业完成；死去的母亲为什么叫做妣，这妣字当媲字讲，是说母亲能媲配父亲的美德。父母死后，百日以内祭祀、叩拜称泣血，百日以外祭祀、叩拜称稽颡。过了一年的祭祀，叫小的祥祭，满了两年的祭祀，叫大的祥祭。丧服的左右和下边不缝缉的，叫做斩衰，缝缉起来的丧服叫做齐衰，这是论丧服有轻重不同；服孝九个月的叫大功，服孝五个月的叫小功，这是说服制是分有等级的，三个月的丧服叫做缌麻，三年服满的祭礼，叫做禫礼。孙子为祖父祖母行服，只有嫡出的长孙是哀杖期服一年；如长子已经死了，嫡孙应该承重斩衰。

【原文】

死者之器曰明器，待以神明之道；孝子之杖曰哀杖，为扶哀痛之躯。父之节在外，故杖取乎竹；母之节在内，故杖取乎桐。以财物助丧家，谓之赙；以车马助丧家，谓之赗；以衣殓死者之身，谓之襚；以玉实死者之口，谓之琀。送丧曰执绋，出柩曰驾輀。吉地曰牛眠地，筑坟曰马鬣封。墓前石人，原名翁仲；柩前功布，今曰铭旌。

【译文】

死人的器用,叫做明器,因为是用神明的方式对待死人;孝子的丧杖,叫做哀杖,这是扶持他哀痛的身躯。父亲的节操,弘扬在外,所以丧杖用苴竹;母亲的节操,昭彰于内,所以丧杖用桐木。拿财物帮助丧家叫做赙;拿车马帮助丧家叫做赗,送衣服去盛殓死人叫禭,拿珠玉填塞在死人嘴里叫做琀。送死者去安葬叫做执绋,抬出棺柩叫做驾辆。晋朝陶侃在贫微的时候,要安葬已故的母亲,突然家中丢失了一头牛,后来遇到一位老人,说前面山坞下有卧牛,葬下去位极人臣。后人将吉祥的坟地叫做牛眠地。建筑坟茔同马鬣一样,所以把它叫做马鬣封。秦始皇的时候,有个阮翁仲,威震匈奴,他死后,秦始皇铸成铜像,竖在墓前,匈奴至此都下拜。后来人们用石人竖在死者的墓前,寄托哀思,取名翁仲;柩前的功布,因为铭箓死者的德行,旌布死者的功劳,所以叫做铭旌。

【原文】

挽歌始于田横,墓志创于傅奕。生坟曰寿藏,死墓曰佳城。坟曰夜台,圹曰窀穸。已葬曰瘗玉,致祭曰束刍。春祭曰禴,夏祭曰禘,秋祭曰尝,冬祭曰烝。

【译文】

汉高祖时,田横据海岛不肯附汉,奉召面君,行至尸乡自刎,手下人把他的头献给汉高祖,不敢哀哭,只是用手挽索唱歌,暗藏哀情,所以叫做挽歌。傅奕醉卧三日,忽然蹶起而作一段墓志:"傅奕,青山白云人也,因醉死",过后真的醉死了,这是墓志的开始。生前构筑的坟茔,叫做寿藏,这是唐朝的姚崇自做寿藏于万安山,取其长寿不老,将来收藏体魄的意思。汉滕公(夏侯婴)死后,求葬东都门外,公卿送丧,驾车的马忽然不肯前行,倒在地上一阵阵悲鸣。掘地而得石椁,有石铭曰:"佳城郁郁,三千年,见白日,吁嗟滕公居此室!"遂葬于此地。后来便把死后的坟墓叫做佳城。坟盘如台城一样,叫做夜台。埋入圹穴,是长眠于厚夜之中,所以圹又叫做窀穸。已经埋葬,叫做安葬玉树,这是因为晋朝庾亮将葬,何允叹息说:"瘗玉树于土中,使人情何能已也"的话,便成为故实。致送的祭礼,叫做一束生刍(草名),《诗经》有云:"生刍一束,其人如玉。"汉朝郭林宗的母亲去世,徐稚往吊,根据《诗经》的语意,置生刍一束于墓前而去,便是这个名词的由来。《礼记·王制》中有一段:"天子诸侯宗庙的祭礼,春天叫禴,夏天叫禘,秋天叫尝,冬天叫烝。"

【原文】

饮杯棬而抱痛,母子口泽如存;读父书以增伤,父之手泽未泯。子羔悲亲而泣血,子夏哭子而丧明。王裒父之死,门人因废蓼莪诗;王修哭母之亡,邻里遂停桑柘社。树欲静而风不息,子欲养而亲不在,皋鱼增感;与其椎牛而祭墓,不如鸡豚之逮存,曾子兴思。故为人子者,当思木本水源,须重慎终追远。

【译文】

用母亲喝过水的杯子喝水,不免怀抱悲痛,因为母亲温馨的口泽还留存在杯上;读父亲留下的书籍,禁不住忧伤涌上心头,因为父亲的手泽还留存在书脊卷页之上。子羔悲悼双亲亡故,连眼中的血都哭泣出来。子夏痛失爱子,连两只眼睛都哭瞎了。晋朝的王裒,事亲至孝,父亲死了,读《诗经》至《蓼莪》篇:"哀哀父母,生我劬劳。"总要三复流涕。门人不忍,便废掉此篇,惟恐王裒听到,更加哀痛;魏朝的王修七岁时,母亲在春社日亡故,来年的春社日,王修感念甚哀,凄楚难挨,左右邻里的人,便把桑柘社祭停止了,恐怕王修见了伤心。"树木要安静,偏是风吹不息。儿子要奉养,偏是双亲谢世。"这是春秋时鲁国人皋鱼说的两句话,有多少感伤蕴藏在心里,与其杀牛在坟墓上祭礼,还不如用鸡豚当父母健在的时候奉养他们,这是曾子读礼时发出的感想。所以做儿子的,应当想到木的根本、水的源头;必须注意,谨慎父母的终丧,追思自己的远祖。

【新增文】

岁在龙蛇,郑玄算促;舍来鹏鸟,贾谊命倾。王令出尘寰,天上俄垂玉樵;沈君开窆穸,地中曾现漆灯。箧中存稿,相如上封禅之书;牖下停棺,史鱼表陈尸之谏。梁鸿葬要离冢侧,死后芳邻；郑泉殡陶宅舍傍，生前宿愿。

【译文】

郑玄夜梦孔子对他说今年是龙年，明年是蛇年，醒后，用符谶之术推之，谶云：岁在龙蛇贤人嗟。他便晓得自己寿命快结束了；贾谊为长沙傅，房舍里飞来一只鹏鸟。长沙风俗说，"鹏鸟至，主人死。"贾谊知道自己寿命将尽，便作了一篇《鹏鸟赋》，不久便辞世了。后汉的王乔为叶县令，一天，有一玉棺自天而下，王乔知道是上帝召他，便沐浴，寝棺中，棺盖自闿。南唐的沈彬死了，挖窀穸下葬，地下出现漆做的灯。点着灯火，还有铜牌，上说明一句"留待沈彬来"。箱箧里存的文稿，是司马相如的封禅书，他死后，皇上派人来取他的书籍时才发现。窗槛下停设棺木，这是卫史鱼，因为卫灵公昏庸，死后还要陈尸直谏。梁鸿死了，葬在要离的坟冢旁边，时下人总说是"要离烈士，梁鸿清高。"死后做邻居，确也合适。三国时郑泉性好喝酒，他曾说："死后要安葬在陶窑旁边，将来尸体化作泥土，陶人便可取去做酒壶了"，可见这是他生前久有的愿望。

【原文】

数皆前定，少游之诗谶何灵；事可先知，袁淑之卦占偏验。顾雍失爱子，掐掌而流血堪矜；奉倩殒佳人，搁泪而伤神可惜。仲尼殒而泰山颓，韩相亡而树木稼。酹之絮酒，实为佳士高风；殉以刍灵，乃是先人朴典。

【译文】

命数都是生前注定，秦少游梦中做了《好事近》一词，末句有"醉卧古藤阴下，了不知南北。"后来他果然死在滕州，可见这首词中的谶语何等灵验；事情可以预先知道，比如唐代的袁淑遇见异人交给他一叠信函说："每受一命开一幅"，每次皆应。可见仙人为他占卜的卦，句句都很灵验。顾雍失去爱子，悲痛欲绝，紧握手掌，指甲嵌入掌中，血流满襟，这是最堪怜惜的；荀粲字奉倩，娶曹洪女，颇有姿色，妻亡不哭，但眼中含泪，暗自伤神，抚膺叹曰："佳人难再得。"不久也离开了人世，这实在值得怜悯。孔子将要谢世的时候，他背着手，曳着杖，在门外散步,歌唱道:"泰山要崩塌了。"树木的枝条先沾上雨雪再冻成冰,就像披上介胄一样,称为木介或木稼。世俗认为出现这样情况要死朝廷大官。故俗谚说:"树生稼,达官怕。"宋朝宰相韩琦亡故的时候,就出现了这种现象。王安石的挽辞说:"木稼尝闻达官怕,山颓果见哲人萎。"这是佳人祭奠的高风;殉葬用稻草做的灵人,这是先人的朴实典礼。

【原文】

陈寔之徽猷足录,行吊礼者三万人;郗超之素行可嘉,作诔文者四十辈。牲牢酒醴,用昭报本之虔;藁鞂鸾刀,还备宁亲之具。值既降既濡之候,礼毋缺于春秋;呈则存则著之形,情必由于爱悫。室事交乎堂事,致斋继以散斋。

【译文】

陈寔高尚的道德,足可以记录下来供人学习,他死后,来参加吊祭礼的有三万众;郗超平素的品行,实可嘉尚,他死后,做悼文来歌颂他的有四十人。父母死后用牲牢酒醴去祭祀,这是表明报本的虔诚;秸秆编织的粗席、宰牲用的弯刀,这些都是预备安宁已死的亲人的器具。一年中,雨露既濡的春天,霜露既降的秋天,一定不能忘记祭祀祖宗,孝子祭祀父母时,必须要有父母好像还存在,而且好像就在眼前的态度,而要有这种态度,就必须对父母极亲爱、极尊敬的感情。要使祭祀的礼仪庄严肃穆,必须做适当的安排。执事者各司其事,如传送祭馔,当尸(用人装扮的祭主)在室时,就在室的门口交换,当尸在堂时,就在阶前交换。祭祀父母之前要斋戒,斋戒三天为致斋,如果三天不够,要继之以七天,则为散斋。斋戒之日,要回忆父母的居处、笑语、意志、爱憎、嗜好等等,只有这样才合礼节,才算虔诚。

◇ 卷 四 ◇

文 事

新增文十三联

【原文】

多才之士，才储八斗；博学之儒，学富五车。三坟五典，乃三皇五帝之书；八索九丘，是八泽九州之志。书经载上古唐虞三代之事，故曰尚书；易经乃姬周文王周公所系，故曰周易。二戴曾删礼记，故曰戴礼；二毛曾注诗经，故曰毛诗。孔子作春秋，因获麟而绝笔，故曰麟经。荣于华衮，乃春秋一字之褒；严于斧钺，乃春秋一字之贬。

【译文】

才华横溢的士人，胸中蕴积的才学，可有八斗。比如，曹子建很有文采，时号绣虎。谢灵运才智超群，而性情却凌人傲物，曾说："天下才共一石，子建独得八斗，余与众人共得二斗。"学问渊博的儒者，他的书籍，能装满五车。三坟、五典，是记载三皇五帝事迹的历史书；八索、九丘，是描写八泽九州的地理志。书经上所记载的，都是古来唐、虞、三代的政事，因为时代久远，所以叫做《尚书》；易经是周朝文王周公所著述，所以叫做《周易》。戴德戴胜两人，曾删削过《礼记》，所以叫做戴礼；毛亨毛苌两人，曾注解过《诗经》，所以称做毛诗。孔子根据鲁史，整理出一部《春秋》来。到鲁哀公十四年，鲁哀公西狩，叔孙氏车子钼商，从猎于大野，捕获一只麒麟，孔子很悲哀，痛曰："予之为人，犹麟之于兽也，麟出而死，吾道穷矣。"遂绝笔不再继续写作，因此，《春秋》至获麟而止，所以《春秋》又叫做麟经。春秋上一个字的褒扬，如同华衮的荣耀；春秋上一个字的贬斥，如同斧钺的严厉。

【原文】

缣缃黄卷，总谓经书；雁帛鸾笺，通称简札。锦心绣口，李太白之文章；铁画银钩，王羲之之字法。雕虫小技，自谦文学之卑；倚马可待，羡人作文之速。称人近来进德，曰士别三日，当刮目相看；羡人学业精通，曰面壁九年，始有此神悟。五凤楼手，称文字之精奇；七步奇才，羡天才之敏捷。誉才高，曰今之班马；羡诗工，曰压倒元白。

【译文】

缣缃同黄卷，都是书的称呼；雁帛同鸾笺，都是简札的别名。构思同彩锦一样巧，文词同刺绣一样美，这是李太白的好文章；笔画同铁棍一样瘦硬，钩挑如银丝一样圆润，这是王右军写字的笔法。同雕虫一样的小技艺，这是自己谦逊文才的卑下；说倚靠在马背上，文章可立等作成，这是羡慕人家作文的快速。称颂人家近来道德进步，说士人只分别三日，便要刮目看待他了；羡慕人家学业精通，说是面对墙壁奋斗九年，才有这般神悟。能起造五凤楼的技艺，这是韩浦称赞韩洎文字的精奇、美妙；走上七步便能作出诗章，这是曹植天赋奇才，思维敏捷。称誉人家才学高尚，便说是当代的班固、司马迁；羡慕人家诗做得工巧，便说是压倒了元稹、白居易。

【原文】

汉晁错多智，景帝号为智囊；高仁裕多诗，时人谓之诗窖。骚客即是诗人，誉髦乃称美士。自古诗称李杜，至今字仰钟王。白雪阳春，是难和难赓之韵；青钱万选，乃屡试屡中之文。惊神泣鬼，皆言词赋之雄豪；遏云绕梁，原是歌音之嘹亮。涉猎不精，是多学之弊；咿唔咕毕，皆读书之声。连篇累牍，总说多文；寸楮尺素，通称简札。以物求文，谓之润笔之资；因文得钱，乃曰稽古之力。文章全美，曰文不加点；文章奇异，曰机杼一家。应试无文，谓之曳白；书成镌梓，谓之杀青。

【译文】

汉代的晁错，论事很有智慧，景帝曾称他为智囊；高仁裕做诗很多，时下人都称他是诗窖子。骚客，就是诗人，誉髦，是俊士的美名。自古以来论诗歌，都称赞李白和杜甫，到如今论书法，都尊崇钟繇同王羲之。白雪和阳春这两个曲子，都是难和难续的音韵；这是宋玉在回答楚王的问话中提出来的；青铜钱一万次检选，一万次都能挑中，用来比喻唐朝张鷟应考的好文章，每试都必中高第。惊动神圣，感泣鬼魂，是说文词诗赋的雄壮豪放；响遏行云，余音绕梁，是说唱歌的声音高亢嘹亮。涉猎广博，不求精深，是学习贪多的弊病；咿唔咕哔，是读书的声音。一篇接一篇的书牍一大堆，是形容多文的样子；一寸宽的纸，一尺长的素，都是说的信札。用物品去求人做文章，叫做润笔；因为做文章得了钱财，便说是稽考古事的力量。文章全篇美好，叫做文不加点；文章新奇颖异，叫做构思布局自成一家。参加考试的人，做不出文章，叫做曳白；著作完成之后，镌刻在梓木上，叫做杀青。

【原文】

袜线之才，自谦才短；记问之学，自愧学肤。裁诗曰推敲，旷学曰作辍。文章浮薄，何殊月露风云；典籍储藏，皆在兰台石室。秦始皇无道，焚书坑儒；唐太宗好文，开科取士。花样不同，乃谓文章之异；潦草塞责，不求辞语之精。邪说曰异端，又曰左道；读书曰肄业，又曰藏修。作文曰染翰操觚，从师曰执经问难。求作文，曰乞挥如椽笔；羡高文，曰才是大方家。

【译文】

同袜线一样的才具，是自己谦逊才能的短小；记述问来的学问，是自己惭愧学问的肤浅。剪裁诗句，叫做推敲；求学旷废，叫做时作时辍。文章做得浮薄，如同月下的露水，风吹的浮云，不能长久；古典书籍储藏的地方，皆是兰台石室，最为名贵。秦始皇无道昏君，焚烧诗书，坑埋儒生，极端暴虐；唐太宗嗜好文学，开设科举，录取士子，非常英明。绣花的样子，个个不同，用来比喻文章的新异；潦草从事，敷衍塞责，是说作文章连文辞语句都不求精工。奸邪的论说，叫做异端，又叫做旁门左道；读书学习，叫做肄业，又叫藏修。古时没有纸，就在四棱木板上写字，所以作文叫做染翰操觚，拜师学习，是求教学问，所以叫做执经问难。求人家做文字，便说乞求如椽大笔一挥；羡慕人家的文章高妙，便说这才算是大方家了。

【原文】

竞尚佳章，曰洛阳纸贵；不嫌问难，曰明镜不疲。称人书架曰邺架，称人嗜学曰书淫。白居易生七月，便识之无二字；唐李贺才七岁，作高轩过一篇。开卷有益，宋太宗之要语；不学无术，汉霍光之为人。汉刘向校书于天禄，太乙燃藜；赵匡胤代位于后周，陶谷出诏。江淹梦笔生花，文思大进；扬雄梦吐白凤，词赋愈奇。

【译文】

竞相崇尚佳妙的文章，叫做洛阳纸贵，由于晋朝左思作《三都赋》，富庶之家竞相传写，洛阳城的纸价，一时腾贵起来；不嫌人家来求教、问难，便如同光明的镜子，屡次映照而终不疲倦。称赞人家的书架，叫做邺架。是由唐代邺侯李泌藏书最多，架上分甲乙丙丁四类而得名，有的人嗜好学问，就像患了痴病一样，可以叫他书淫。白居易生下来，才有七个月，便认识"之"、"无"两个字；李贺才七岁的时候，便有文名，连京城里面的皇甫湜同韩愈也要上门求见，一次面试，李贺做《高轩过》一篇，顷刻而成。手开书卷，自有益处，这是宋朝太宗皇帝说的要紧话语；不肯研究学问，胸中毫无学术，这是汉朝霍光的为人。汉朝的刘向，在天禄阁校正五经，元宵这一天，遇见一位老人，自称是太乙星精，手执青藜杖，为他点燃照明的火焰；赵匡胤替代后周做皇帝，是在陈桥兵变时，有个翰林学士陶谷，代替后主拟成禅位诏书，从袖里捧出。江淹梦见笔上生出五彩缤纷的花朵，以后作文，构思谋篇，如行云流水，大有进步；扬雄梦见口里吐出白凤来，再作词赋，遣词造句，如有神助，更加新奇。

【原文】

李守素通姓氏之学，敬宗名为人物志；虞世南晰古今之理，太宗号为行秘书。茹古含今，皆言学博；咀英嚼华，总曰文新。文望尊隆，韩退之若泰山北斗；涵养纯粹，程明道如良玉精金。李白才高，咳唾随风生珠玉；孙绰词丽，诗赋掷地作金声。

【译文】

李守素通达姓氏的学问，唐敬宗叫他"人物志"；虞世南博识强记，通贯古今，唐太宗叫"行动秘书"。说人茹古含今，是对学问渊博、通晓古今的称赞；说人口咀精英，齿嚼华美，都是赞许文章的新奇，不同流俗。韩愈文章声望很显赫，人们把他比做巍峨的泰山，崇高的北斗；宋代程明道涵养的功夫很纯粹，人说他如"温良的玉器"，"精炼的金子"。唐朝的李白，才学很高，他嘴里吐出的口沫随风能生出珠玉来；孙绰做的天台赋，华章丽句，抛掷在地上，会听到金石的声音。

【新增文】

萤辉竹素，蠹走芸编。东观蓬莱，尽藏简编之所；石渠天禄，悉贮史籍之场。鲁为鱼，参明不谬；帝作虎，考正无讹。长蛇生马之文，最难措手；硬弩枯藤之字，未易挥毫。借还书籍用双瓶，收贮文章分四库。

【译文】

萤火虫尾端发出的光亮，可以照亮竹纸印刷的书，让人夜读，勤奋的书生孜孜不倦地学习，好比蠹鱼在放有芸香草书里爬行。东观、蓬莱，尽是储藏简策书编的处所；石渠阁、天禄阁，都是收贮经史图籍的地方。书籍中鲁字误为鱼字的现象，必须参考明白，不要发生谬误；帝字讹成虎字，非常容易，需要详加考正，不要造成讹错。如"赤手抓长蛇"、"不施鞍勒骑生马"，这种生动活泼、神奇豪爽的文章，最难下手布局谋篇；画一横如百钧硬弩，书一竖如百岁枯藤，这种字法，很不容易挥洒笔墨。古人借书，馈酒一瓶，还书亦馈酒一瓶，所以一借一还必用双瓶。唐玄宗两都各收贮文章、聚敛书籍，以甲乙丙丁编次为四库。

【原文】

豪吟如郑綮，还从驴背成诗；富学如薛收，偏向马头草檄。八行书言言委曲，三尺法字字森严。咳唾成篇。阵马风樯敏捷；精神满腹，雪车冰柱清高。擅美誉于词场，禹锡诗豪，山谷诗伯；称耆英于艺圃，伯英草圣，子玉草贤。

【译文】

唐朝郑綮那些豪迈的吟咏，多构思于灞桥风雪中、驴子背上；唐朝薛收有丰富的学问、渊博的知识，伫立马头前，便能草拟出征讨的檄文。每页八行的书信，一字一句委婉曲折地写出万千情愫；三尺长的竹简，刻写的法律，字字都威严可怕。咳唾之间就能立成篇章，如同上阵的马匹，顺风的桅樯一样的敏捷；精神充满胸怀，所以唐朝刘叉的《雪车》、《冰柱》两首诗，词意都很清高。在词林之中，独享美名、誉赞的，是刘禹锡被人称为诗豪，黄山谷被人称做诗伯；在艺术园圃里，被称赞为耆老和英杰的有：东汉大书法家张芝被称为草书圣人，崔瑗被人称做草书贤人。

【原文】

谢安石之碎金，悉为异物；陆士衡之积玉，总属奇珍。少室山集句最佳，片笺片玉；福先寺碑文可诵，一字一缣。陈琳作檄愈头风，定当神针法灸；子美吟诗除疟鬼，何须妙剂金丹。真老艺林英，朱夫子且退避三舍，苏仙文苑隽，欧阳公尚放出一头。

【译文】

谢安石做的文章，如同细碎的黄金，都是奇异的物品；陆机做的文章，如同堆积的白玉，都是新奇的珍宝。唐代李峤作的《少室山记》，最为华美可观，一片书笺，如同一片白玉；唐代皇甫湜写的福先寺碑文，字字珠玑，一个字便有一匹缣的价值。陈琳做了一篇讨伐曹操的檄文，正值曹操头痛，阅后一惊，出了一身冷汗，头风病即刻痊愈了。这篇檄文，简直是神奇的针灸，灵验的艾灸；杜甫吟咏诗句，能驱除疟疾病魔的纠缠，何须用那神妙的药剂和仙家烧炼的金丹呢。真德秀，是文艺苑中的英杰，连朱熹都曾经说过："（对于他）老夫当退避三舍。"苏东坡的文章，有仙风道骨，在文苑中文名隽永，欧阳修做考官时，看到他做的《春秋对义》，便名列第一，叹赏不已，说："老夫当放此人出一头地。"

科　第

新增文十二联

【原文】

士人入学曰游泮，又曰采芹；士人登科曰释褐，又曰得隽。宾兴即大比之年，贤书乃试录之号。鹿鸣宴，款文榜之贤；鹰扬宴，待武科之士。文章入式，有朱衣以点头；经术既明，取青紫如拾芥。

【译文】

《诗经》上说："思乐泮水，薄采其芹。"泮水之滨的宫殿，是古代诸侯的学舍，遨游于泮水之中，去采摘那里的水菜，是形容古代读书人跨入了学术的殿堂；科举中式，士人及第，可以脱去布衣，换上官服，又可以得到升官发财的肥缺，所以登进科名，叫做释褐，又叫做得隽。宾兴，是说三年一次的大考，贤书，是考试的题名录。款待文进士的宴会，叫做鹿鸣宴；款待武举人的宴会，叫做鹰扬宴。欧阳修主持贡举时，每阅卷时，感觉傍有朱衣老人，如果老人点头赞许，其文然后入格，欧公吟诗道："文章自古无凭据，惟愿朱衣暗点头"；科举时代最难明白的是经术的要旨，经术一旦明白，夺取那青色紫色的官服，就如同在地上拾起芥草一样容易。

【原文】

其家初中，谓之破天荒；士人超拔，谓之出头地。中状元，曰独占鳌头；中解元，曰名魁虎榜。琼林赐宴，宋太宗之伊始；临轩问策，宋神宗之开端。同榜之人，皆是同年；取中之官，谓之座主。应试见遗，谓之龙门点额；进士及第，谓之雁塔题名。

【译文】

寒贱人家初次中了科名,如同凿破了天然荒芜的荆棘之地,所以叫做破天荒;儒士超拔在众人之上,便是头角峥嵘显露的时候,所以叫做出头地。殿试中了第一名,是独自占据在鳌头之上;乡试中了第一名,是姓名在龙虎榜上做了魁首。在琼林苑里赏赐宴饮,是宋太宗庆贺宋庠状元及第开始的;亲临轩槛,讯问贤士治理国家的策略,这是宋神宗考贡举时开的端。同在一榜题名的人,叫做同年;批准考卷合格的考官,叫做座主。应考的人,没有考中而被遗弃,如同没有跳龙门的鲤鱼,在额上点一记号一样;唐朝进士登了科第,便在长安大雁塔上题写姓名。

【原文】

贺登科,曰荣膺鹗荐;入贡院,曰鏖战棘闱。金殿唱名曰传胪,乡会放榜曰撤棘。攀仙桂,步青云,皆言荣发;孙山外,红勒帛,总是无名。英雄入吾彀,唐太宗喜得佳士;桃李属春官,刘禹锡贺得门生。

【译文】

汉朝的孔融推荐祢衡时说"鸷鸟累百不如一鹗",所以庆贺人家登科,叫做荣膺鹗荐。科举考试的试院,为防止放榜时喧哗,四面用荆棘围住,士子身入贡院,参加考试,如同交战一样,所以叫做鏖战、棘围。殿试揭晓,在金銮殿上宣读皇帝诏命唱呼姓名,叫做传胪,在省城会试发了榜,那试院四围的荆棘便撤了下去,所以叫做撤棘。攀折月中桂,身登青云梯,这都是说人家荣耀发达;孙山同周生去应乡试,发榜后孙山名列榜末,周生未中,孙山对周生说:"解名尽处是孙山,吾兄更在孙山外。"刘几写文章,好作险怪语。欧阳修做大总裁的时候,阅读到他的文章非常厌恶,便用朱笔横抹之,被人称为红勒帛,刘几于是榜上无名。"天下英雄都入吾彀中矣。"这是唐太宗见进士鱼贯而出,无限欣慰的话语;桃花李花都是春天开的,归礼部春官管领,这是刘禹锡庆祝礼部喜得门生的话。

【原文】

薪,采也,樵,积也,美文王作人之诗,故考士谓之薪樵之典；汇，类也，征，进也，是连类同进之象，故进贤谓之汇征之途。赚了英雄，慰人下第；傍人门户，怜士无依。虽然有志者事竟成，伫看荣华之日；成丹者火候到，何惜烹炼之功。

【译文】

《诗经》上说："芃芃棫朴，薪之槱之。"薪是采樵，槱是积聚，是赞美周文王选育人才的诗，所以考取儒士，叫做薪槱的典礼；《易经·泰卦》说："拔茅茹，以其汇征吉。"汇是类聚，征是进取，这是连类并进的卦象，所以登进贤人，叫做汇征的路途。唐代科举考试甚难，老死文场者大有人在，时人语曰："太宗皇帝真长策，赚得英雄尽白头。"人们安慰那些进士不能及第的人，叫做英雄都受骗了，你何必不快；唐朝章孝标下第作归燕诗："连云大厦无栖处，更傍谁家门户飞。"这是对那些无依无靠的士人命运的担忧。即便是这样，有志气人，做事也一定能够成功，您可伫立看他荣华的日子；仙丹能炼成功，是由于火候到了，怎么能怜惜那烹炼的功夫呢。

【新增文】

班名玉笋，饼是红绫。贡树分香，预卜他年卿相；天街软绣，争看此日郎君。江东之罗隐何多，淮右之温岐不少。

【译文】

唐朝李宗闵做大总裁，门生都是清秀俊茂的人，时人称为玉笋班，唐僖宗赐进士吃饼，用红绫包裹，被称做红绫饼。贡廷的树木分出香气来，便能预先晓得他年的卿相将属于谁；京城街道上走来新进士，穿的衣服都是轻软的锦绣，大家都在争看新科的郎君。罗隐，江东人，本名横，十次去考进士，皆不中第，遂更名罗隐，自号江东，像他这样的人，江东何以有这样的多？温庭筠，本名岐，当年客居江淮，姚最厚拿钱资助他，他却转手拿去光顾花街柳巷了，姚最厚一怒之下把他赶出家门，温岐因此终生不第。像温岐这样的人，淮右也是不少。

【原文】

狗从窦出，莫非登第休征；鼠以经衔，却是命题吉兆。不欺之语，有可书绅；忠孝之求，何难副上。孙宋则弟兄俱贵，梁张则乔梓皆荣。得云雨而扬鬐，岂是池中之物；挟风雷而烧尾，终是海底之鱼。

【译文】

裴元质考进士的时候，夜梦一只狗从洞穴出来，他挽弓射狗，箭多撇了，次日问人，说："苟字，是第字头，弓是第字身，箭则一竖，撇则成第，必可及第。"后来果然中了，这梦真是美好的兆头；杜镐殿试的前一天，看见一只大老鼠口衔《孝经正义》，次日殿试，题目果然有三通出在《孝经正义》中，这事也算是吉祥的征兆。

宋朝的贾黯中了状元，去求教于范仲淹，范仲淹说："君不忧不显，惟不欺二字，可终身行之。"贾黯拜受其言，并书写在绅带上，终生铭记；宋仁宗慎于选士，皇祐五年，廷试进士，考定前一日，取首选卷焚香祝告曰："愿得忠孝状元。"过后唱名是郑獬，所以郑獬在答谢及第的启文中说："拿什么报答圣上的厚望呢？只有忠孝二字。咸平元年二年，连续进行进士举考试，孙何、孙仅相继名列榜首，京师大街小巷的人，都为此感到荣耀，称二人为大状元、小状元。

宋郊宋祁同时进士及第，时人称大宋小宋，这是兄弟同时显贵。梁灏同儿子梁固、张去华同儿子张思德都是状元及第，他们家乡的老百姓备感自豪。得了云雨，便振扬鬐鳞，腾空而去，这难道是水池中的一般凡物？鱼尽管烧掉尾巴化成蛟龙，挟持着风雷飞去，终究还是海底的鱼类。

【原文】

遍历名园，孰作探花之使；同观竞渡，谁为夺锦之人。此日羽毛，伫看振翩；昔年辛苦，莫负初心。

【译文】

是谁做探花的使者，遍游那著名的杏园，折来杏花；是谁中了状元归来，同郡守一起观看龙舟竞渡，夺得锦标？原来他是卢肇，他还在席上做诗云："报道是龙君不信，果然夺得锦标归。"此日羽毛初长，静待来年振翩腾飞，这是老师对学生的期望；过去吃尽千辛万苦，这一次要好自为之,不要辜负了当初的壮志雄心,这是唐时主考官对举子们的劝勉。

【原文】

莫存温饱之志,还辞贵戚之婚。邹子为书,明月空遭按剑;高公未第,秋江自怨芙蓉。青衫则岁岁堪怜,金线则年年自笑。

【译文】

王曾,在青州参加省试、在礼部参加廷试,皆为魁首。中山刘子仪为翰林学士,戏语道:"状元试三场,一生吃穿不尽。"王曾正色答道:"曾平生之志,不在温饱。"冯京举进士,自乡选至廷试,皆策名第一,张尧佐倚仗是朝廷外戚,想把女儿许配给冯京,派使拥入其家,顷之,中官即以酒肴至,且示以嫁妆甚厚。冯京不肯高攀,竭力推辞了这门婚事。邹阳在狱中上梁王的书札,内有一段:"有人用明月之珠、夜光之璧,在道路上暗中投掷到人们面前,众人惊愕之余竟忘了拾取,只是按剑怒目而视;高蟾尚未及第的时候,曾有两句诗云:"芙蓉生在秋江上,不向春风怨未开。"穿青衫的秀才,岁岁不得更换,实在值得可怜,更为可笑的是年年岁岁压金线,为他人作嫁衣裳,自身无日得温饱,年去年来来去忙。

制　作

新增文七联

【原文】

上古结绳记事，苍颉制字代绳。龙马负图，伏羲因画八卦；洛龟呈瑞，大禹因别九畴。历日是神农所为，甲子乃大挠所作。算数作于隶首，律吕造自伶伦。

【译文】

上古的时候，在绳子上打结，用来记载事件的发生，苍颉作史，才制作文字，取代绳子的功能。伏羲的时候，龙马负图出于孟河之中，背有五十五阴阳点，伏羲便画成八卦；大禹治水的时候，顺水之性，地平天成。见洛水中有神龟负文，知道它是祥瑞的象征，便根据龟文而列洪范九畴。日历上的寒暑节气，是神农氏为正节气、审寒暑、治理农功而创造出来的；古人看花木的开落而定春秋，黄帝出来，命大挠拿十个天干配十二个地支，造为甲子。算数的方法，是黄帝命隶首创造出来的，律吕的创造，是黄帝命伶伦取昆仑之竹，制十二管，以听凤凰之鸣，其雄鸣为六律，雌鸣为六吕。

【原文】

甲胄舟车，系轩辕之创始；权量衡度，亦轩辕之立规。伏羲氏造网罟，教佃渔以赡民用；唐太宗造册籍，编里甲以税田粮。兴贸易，制耒耜，皆由炎帝；造琴瑟，教嫁娶，乃是伏羲。冠冕衣裳，至黄帝而始备；桑麻蚕绩，自元妃而始兴。神农尝百草，医药有方；后稷播百谷，粒食攸赖。

【译文】

甲胄舟车,是轩辕黄帝为讨伐蚩尤,而创造的作战器械;权衡量度,是轻重多寡的规定,也是轩辕氏所创立的。伏羲氏造出网罟来,教会百姓佃猎捕鱼,用来补足日常家用;唐太宗造出册籍来,以里甲为编制,为收纳粮税、征集力役铺平了道路。进行贸易、互通有无,制作耒耜,耕田种植,这都是炎帝所教导;制作琴瑟,以作为乐器,女嫁男娶要遵从礼节,这都是伏羲古帝的启迪。头上戴的冠冕,身上穿的衣裳,到黄帝时代才得以完备;采桑绩麻,养蚕治丝,从黄帝元妃时开始兴起。神农口尝百种草药,察其寒热温平之性,调和药方,治疗人民的疾病,医道从此确立;后稷播种各种谷类植物,人民吃的粮食,全都仰赖于他。

【原文】

燧人氏钻木取火,烹饪初兴;有巢氏构木为巢,宫室始创。夏禹欲通神祇,因铸镛钟于郊庙;汉明尊崇佛教,始立寺观于中朝。周公作指南车,罗盘是其遗制;钱乐作浑天仪,历家始有所宗。育王得疾,因造无量宝塔;秦政防胡,特筑万里长城。

【译文】

燧人氏钻刺四季树木,取出火来,烹饪熟食才时兴起来;有巢氏架木为巢,建造宫室亭宇、殿堂屋榭,从此时开始创立。夏禹想和天神地祇交流思想,因此铸造镛钟置放郊外的宗庙里,每逢祭祀必定敲钟,要上通神明;汉明帝对印度的佛教很尊崇,于是中国就开始建立了寺院、佛观。周公当年制造的指南车,为后世人们制作罗盘(指南针)提供了制造的原理和经验;刘宋的钱乐制作的浑天仪,专门用来观察天文星象,后世的天文历法学家才开始有了依靠。阿育王得了疾病,一日一夜,役使鬼神,造成无量宝塔;秦始皇为防备北方民族的侵扰,特地建筑了万里长城。

【原文】

叔孙通制立朝仪,魏曹丕秩序官品。周公独制礼乐,萧何造立律条。尧帝作围棋,以教丹朱;武王作象棋,以象战斗。

【译文】

叔孙通在汉高祖刘邦刚刚夺得天下时,恐群臣失礼,便采择古礼,结合秦制,定立朝仪;曹丕登位的时候,因为天朝选用的官僚不尽是人才,所以确立九品官人的等级制度。成王年幼,周公摄政,制礼作乐,天下诸侯来朝,无不心悦诚服,汉高祖初定天下,早先的三章之约法,不足以制止奸邪,于是萧何斟酌损益秦法,制造律例科条。丹朱荒淫无度,尧帝便用黑白子做出围棋,教他下棋,收束身心;武王创制象棋,象征两军对垒,进退攻守,指挥作战。

【原文】

文章取士,兴于赵宋;应制以诗,起于李唐。梨园子弟,乃唐明皇作始;资治通鉴,乃司马光所编。笔乃蒙恬所造,纸乃蔡伦所为。凡今人之利用,皆古圣之前民。

【译文】

用文章写作手段进行考试以取录儒士,这兴起于赵宋;对皇帝的诗歌加以应和,这发起于李唐。唐明皇在梨园中聚集若干人,教他们唱歌舞蹈,作为子弟,今天所谓的梨园子弟就是从唐明皇开始;《资治通鉴》这部编年体的历史巨著,是宋朝司马光领衔编纂的。写字的毛笔,是秦代蒙恬创造的;以竹子、麻皮、破布、鱼网为原料造的纸,是汉代蔡伦发明的。凡是当今人们所继续延用的东西,都是古代圣人智慧的结晶。

【新增文】

钥同鱼样,取鱼目常醒;杖以鸠成,重鸠喉不噎。飞舻是轻车别号,纨箑乃素扇佳名。翠华旗光摇汉苑,白玉管响彻唐宫。米家书画船,足怡素志;齐子班兰物,可壮生平。

【译文】

门上的锁钥做成鱼形,取鱼目不闭,忠于看守的意思;老人的拐杖杖头做成鸠状，取鸠鸟咽喉不噎，是祝福老人身体健康的意思。飞舫，是轻便车子的别号，纨扇，是扇子佳美的名称。司马相如《上林赋》："天子建翠华之旗"，是说汉苑之内旌旗飘荡、光彩夺目；安禄山送给唐明皇白玉管的箫数百根，吹奏起来声音嘹亮，响彻在唐宫内外。米芾家里的书画船，往来江淮，足以怡悦平素的志向；齐敬儿有一柄名叫"斑兰物"的宝剑，佩带身边，可壮生平的气概。

【原文】

毡氍毹美人旧赠，金屈戌良匠新成。乌金熟炭厚贻，翠羽编帘异制。筜筌收于渔父，卷去夕阳；被襏荷于农人，披来朝雨。

【译文】

氍毹这种毛、麻织成毡毯，是美人旧时所赠送，金屈戌这个门窗的环钮，是好匠人新来做成的。孟郊的两句诗"青山白屋有仁人，赠炭价重双乌金。"所以送人乌金炭是厚重的赠送。汉武帝建造招灵阁，用翠羽编制帘子，这是一种十分贵重、特殊的物品。渔翁收起竹笼和钓丝，无意中把斜阳也一同卷去；农夫披着蓑衣，是有意地把朝雨引来。

技 艺

新增文十二联

【原文】

医士业岐轩之术,称曰国手;地师习青乌之书,号曰堪舆。卢医扁鹊,古之名医;郑虔崔白,古之名画。晋郭璞得青囊经,故善卜筮地理;孙思邈得龙宫方,能医虎口龙鳞。善卜者,是君平詹尹之流;善相者,即唐举子卿之亚。

【译文】

医生用岐伯轩辕的方法治病,人们称之为国手;考察地理的人钻研过青乌书,人们把他叫做堪舆先生。战国时家在卢国的扁鹊,又名卢医,是有名的医生;唐朝的郑虔和宋朝的崔白,是古代著名的画家。晋朝的郭璞遇到一位仙人叫郭公得了青囊九卷经书,所以善于卜筮地理;唐人孙思邈得了水府龙宫的药方三十首,就是虎口龙鳞有了疑难病症,他都能够治好。善于卜课的,是汉代的严君平和战国的郑詹尹之流;善于相面的,是秦国的唐举和齐国的子卿之辈。

【原文】

推命之人即是星士,绘图之士曰丹青。大风鉴,相士之称;大工师,木匠之誉。若王良,若造父,皆善御之人;东方朔,淳于髡,系滑稽之辈。称善卜卦者,曰今之鬼谷;称善记怪者,曰古之董狐。

【译文】

推算命运的人,叫做星士。绘画彩图的人,叫做丹青。大风鉴,是对相士的称赞;大工师,是对木匠的美誉。像王良、像造父,都是善于驾御车马的能手；东方朔、淳于髡，都是言语滑稽的文人。称呼善于卜卦的人，便说是当今的鬼谷子；称呼喜好记录怪事的人，说是古时的董狐。

【原文】

称诹日之人曰太史，称书算之人曰掌文。掷骰者，喝雉呼卢；善射者，穿杨贯虱。樗蒲之戏，乃云双陆；橘中之乐，是说围棋。陈平作傀儡，解汉高白登之围；孔明造木牛，辅刘备运粮之计。公输子削木鸢，飞天至三日而不下；张僧繇画壁龙，点睛则雷电而飞腾。然奇技似无益于人，而百艺则有济于用。

【译文】

称呼挑选日子的人，叫做太史，称呼书写推算的人叫做掌文。投掷骰子、喝幺呼六，是那些习惯赌博的无赖；百步穿杨、弯弓射虱，是那些善于射箭的高手。樗蒲这种博戏，就是后来的双陆；橘中有二叟谈笑对弈，说的是围棋。匈奴曾围汉高祖于白登城，陈平知其首领冒顿之妻是个妒妇，便做一傀儡美人，舞于城上，妒妇疑为真人，恐冒顿破城后，收纳为妾，催命围军撤退，陈平不用兵卒遂解白登之围；孔明六出祁山时，造木牛流马，自能行走，辅佐刘备运输军粮，犒赏军士，是防备偷袭的万全妙计。公输子是鲁国的巧人鲁班，曾削木做鸢，在天上飞行了三日还没有落下；张僧繇曾在南京安乐寺的影壁上，画二龙而不肯点睛，对人说："点睛则飞去。"人们都以为他很狂妄。他点其一龙之睛，忽雷电破壁，风雨交加，点睛之龙，飞腾而去。技能虽然奇巧，似乎对人没有太多的益处，可百种工艺，总能派上实际的用场。

【新增文】

青囊春暖，丹灶烟浮。膝里痒生，华佗有出蛇之妙术、背间痈溃，伯宗具徙柳之神功。陆宣公既活国又活人，范文正等为医于为相。

【译文】

用华佗的青囊药治病，如同春天般和暖温馨，道家炼丹炉灶上，有袅袅的香烟飘浮荡漾。汉朝太守刘勋的女儿，左膝疮口奇痒不止，华佗给她医治，从疮口取出一条三尺长的蛇，这种医术是多么神妙；南朝的公孙泰，脊背上起了个痈疽，薛伯宗能够把痈毒迁移到柳树上，这等功夫何其神奇。唐朝宰相陆宣公（陆贽）在德宗年代，匡扶社稷，救治国家，到了晚年又留心医方的搜集，研究医术，又救活许多疾病缠身的人，范文正（仲淹）少年的时候，曾说："我不能做良相，必要做良医。"这是说良医和良相一样，可救百姓于苦难之中。

【原文】

一枝铁笔分休咎，三个金钱定吉凶。折棕获奴，应让杜生术善；破墙得妇，当推管辂神通。新雨行来，言从季主；琼茅索得，且问灵氛。

【译文】

一枝铁笔算命，能够分出是福是祸，三个金钱占卦，可以确定或吉或凶。有逃跑家奴的人来向杜生求援，问到何处可以找到逃奴，杜生说："你从这向北行，路逢赶车的人，你可以恳求他，借他的鞭子一用，若不予，可将实情告诉他。"其人果遇赶车人，将杜生的话告诉他，赶车人说："给你鞭子，我怎么赶马，你可折路边的棕树枝代替马鞭。"失奴人前去折枝，发现家奴藏在树叶下，于是捕获逃奴。杜生有这种高明的法术，怎能不叫人推崇；洛中一人失妻，求管辂占卜，管辂说："明天在东阳门外，等候挑猪的人，牵他的猪，并和他争斗。"猪奔到主人家，撞破墙垣，那妇人从墙内跑了出来，终于夫妻重聚。管辂有这种预知未来的神通，怎能不令人称道。司马季主在长安街东市为人占卜，季主说："天马上要下起雨来。"果然淅淅沥沥的雨应声而下；《离骚》有两句："索琼茅以筳篿兮，命灵氛为余占之。"这是说取灵草编结筳竹以占卜，这就要恳求灵氛才行呀。

【原文】

燕颔虎头，识是封侯之相；龙行凤颈，知为王者之征。识英布之封侯，果然不谬；知亚夫之当饿，真个无讹。

【译文】

"颔像燕、头像虎,飞而食肉,万里封侯之相。"这是班超年少贫穷之时,相面者便识得他是封侯的相貌,才敢下这番断语;宋太宗行走像龙,唐代则天武后颈项如凤,这也是相面人预先知道帝王将主宰乾坤的征验。英布少年时候,有个相面的人说他:"先当受刑,而后封王。"壮年之时,犯法而被黥面,后被封为九江王,相面人的话果然不错;周亚夫守河内,有个叫许负的人为他相面,说亚夫日后必当饿死。后来,亚夫封侯,官做到宰相,被人告发谋叛,交廷尉审理,不食五日,呕血而亡。相面人的话,也是丝毫不错。

【原文】

道士能知吉壤,竹策丛生;闽僧善觅佳城,湖灯呵护。孙钟孝而致三仙,龙图酷而梦二使。动静方圆,还符四象;纵横阖辟,止争一先。飞两奁之黑白,争一纸之雌雄。

【译文】

唐朝有个道士,能够知道吉祥的土壤。卜测之后,他就用竹做的马鞭插在那块地方,竹鞭上就会生出新的枝叶来;宋代福建有个和尚,善于寻觅好墓地。这和尚同尤时亨友善,他把在吴塘山上所觅到的一块墓地送给尤家。时亨百年之后,下葬之夜,其子尤袤在墓旁,看到湖里有万盏红灯,还听到空中神人要保佑尤家三百年发福、吉祥的对话。

孙钟孝养父母,感动了天地,有三个仙人,告诉他一块好的墓地,经过四世传到孙坚,遂为吴帝;李龙图为政酷虐,有个姓杨的送他一块好的墓地,来安葬他的父亲,可他到夜里梦见两个小鬼,喝斥他、制止他,他父亲始终没能在这块墓地上安葬。

唐李泌被玄宗召见,张说正与皇上下棋,张说想试试李泌才能,让他解说动静方圆四个字。李泌说:"方若行义,圆若用智,动若逞材,静若得意。"这解说符合天地阴阳四种卦象;唐朝李严在棋赋上说,下围棋的秘诀,虽然棋势有纵有横、有开有合,但是只要争先一着,就能掌握全局。飞行旋转的,是两个棋奁里的黑白棋子。相互争斗的,是一纸棋局的雌雄胜负。

讼　狱

新增文十二联

【原文】

世人惟不平则鸣,圣人以无讼为贵。上有恤刑之主,桁杨雨润;下无冤枉之民,肺石风清。虽囹圄便是福堂,而画地亦可为狱。与人构讼,曰鼠牙雀角之争;罪人诉冤,有抢地吁天之惨。

【译文】

世界上的人,遇着不平的事情,就要鸣响起来;有道的君王认为,百姓没有诉讼,才算真正的好世道。国家上有不轻易用刑的君主,君主的恩典便像春雨一样润泽在民间;国家的底层没有被冤枉滥杀的无辜,谁有冤枉,都可以站在肺石(古代设于朝廷门外的石头,色赤)上,陈述自己的理由,是非曲直可以上达朝廷。崇尚公正,贬斥异端的正义之举,像夏日的清风荡涤尘垢。国家政治清明,虽身处囹圄之中,也同身在福堂一样;古时的人民知过必改,即使犯法也不逃避,在地上画个圆圈作为牢狱,他们会在其中安心服法。《诗经》上说:"谁谓雀无角,何以穿我屋?""谁谓鼠无牙,何以穿我牖?"比方老鼠本来没有牙齿,却偏说它有牙,雀本来没有角,偏说它有角,这样同人家进行诉讼,叫做鼠牙雀角的争端;犯罪的人陈诉冤情,每每用头撞地,对天呼冤,情况十分悲惨。

【原文】

狴犴猛犬而能守,故狱门画狴犴之形;棘木外刺而里直,故听讼在棘木之下。乡亭之系有岸,朝廷之系有狱,谁敢作奸犯科;死者不可复生,刑者不可复续,上当原情定罪。囹圄是周狱，羑里是商牢。桎梏之设，乃拘罪人之具，缧绁之中，岂无贤者之冤。两争不放，谓之鹬蚌相持，无辜牵连，谓之池鱼受害。

【译文】

狴犴这种似犬的猛兽，生得勇猛肥壮，性能守门，所以牢狱门上就画上它的形象；棘木的外面是有刺的，里面却是正直的所以听审诉讼的官员，必定要坐的棘木底下。乡亭里拘禁人的地方，叫做岸，朝廷里拘禁人的地方，叫做狱，有谁还敢为非作歹呢；死去的人不能复生，受刑罚、断肢体的人不能够再接，掌握刑法的人要根据犯案的实际情况，来定夺处罚的轻重。囹圄，是周朝的监狱，羑里，是商代的牢房，桎梏设置出来，就是拘系犯人的刑具；那绳索捆绑的人中，难道就没有被冤屈的贤人吗。诉讼的双方争执不下，如同鹬蚌相争，双方各执一词，不肯相让；无罪的人被牵连，如同城门上失火，为了取池水灌救，池水汲干，池鱼枯死。

【原文】

请公入瓮，周兴自作其孽；下车泣罪，夏禹深痛其民。好讼曰健讼，挂告曰株连。为人解讼，谓之释纷；被人栽冤，谓之嫁祸。徒配曰城旦，遣戍是问军。三尺乃朝廷之法，三木是罪人之刑。

【译文】

唐武则天执政时，周兴和来俊臣都是有名的酷吏。有人告周兴与丘神勣通谋，武后命来俊臣审理，他知道周兴是个狡猾之徒，一定不会招供。于是问周兴说："近来囚犯多不认罪，应当用什么办法让他们招供？"周兴说："这很容易，取个大瓮，用炭在它四周炙烤，令囚犯进入其中，还有什么事怕他不招认呢？"来俊臣即派人搬来大瓮，站起身来对周兴说："有内状告兄，请兄入瓮。"周兴惶恐叩头伏罪，这是周兴自作自受。大禹出巡，看到在流徙途中的罪犯，下车问明情况而哭泣不止，左右侍从问其缘由，大禹说："因我道德菲薄，不能教化人民，所以痛心。"好诉讼的人，叫做健讼；挂名的被告，叫做株连。替人家排解讼事，叫做释纷；被人家栽赃冤屈，叫做嫁祸。犯了徒刑发配，叫做城旦，遣发到边外戍守，是被问成充军的罪。三尺的竹简，是朝廷所写的法律，枷、杻、镣三件木器，是对罪人所用的刑具。

【原文】

古之五刑，墨劓剕宫大辟；今之律例，笞杖死罪徒流。上古时削木为吏，今日之淳风安在；唐太宗纵囚归狱，古人之诚信号可嘉。花落讼庭间，草生囹圄静，歌何易治民之简；吏从冰上立，人在镜中行，颂卢奂折狱之清。可见治乱之药石，刑罚为重；兴平之粱肉，德教为先。

【译文】

古时有五种刑法，是墨、劓、剕、宫、大辟；现在的法律条例，是笞杖、死罪、徒流（充军）。在上古时代，司法部门用木头刻成官吏的形象，摆在犯罪人家里，开庭审讯时，犯人便抱木人到公庭去听诉讼结果，如今这种淳厚的风尚在哪里呢？唐太宗看到那些即将执行死刑的犯人，很是怜悯同情，让他们都回到家里去探亲，约定明年秋天再来就死，众囚犯如期而至，这是古时人的诚实守信，实在应当嘉许。"花落讼庭间，草生囹圄静"，是说公庭里没人来诉讼，冷清清地洒满落花，牢狱里不再关押囚犯，静幽幽地长满杂草，这是何易做益昌令时，那里的人民歌颂他清政息讼的治理方针；"抱案吏从冰上立，诉冤人在镜中行。"这是说，问案的官吏如同站在冰上清洁无尘，诉冤的人如同对着镜子走，冤屈易见，卢奂做南郡太守的时候，那里的人民曾这样称颂他执政无私、断狱公正。可见平治乱世的药石，使用刑罚最为重要；振兴太平的粱肉，运用德教乃为先务。

【新增文】

乌台定律，象魏悬书。惟忠信慈惠之师，有折狱致刑之实。失入宁失出，须当念切于无辜；过义宁过仁，务必心存其不忍，察五声而审克，应尔精详，讯三刺以简乎，宜乎谨慎。

【译文】

御史台制定法律,宫阙门上悬挂条文。只有忠信慈惠的法官,才有断狱用刑的权力。用重刑而造成失误,不如用轻刑而造成失误,道理是须要念到无辜的人民;因义太严而造成过失,宁可因仁太宽而造成过失,原因是胸中务必怀着一颗不忍的心。省察五声:即听其辞、视其色、聆听其气喘、观其耳惑、察其目眊,从而审其真伪,得其曲直。办案就应该这样精确而又详细。审理诉讼,应经三讯:即讯群臣、讯群吏、讯万民,以取信于群众,核实犯人的罪行,判案就应该这样谨严而慎重。

【原文】

蒿满圜扉之宅,人怀天保初年;鹊巢大理之庭,世誉玄宗即位。赭衣满道,何其酷烈难堪;玄钺罗门,未免摧戕太甚。门有沸汤之势,抚念不安;巢无完卵之存,扪心何忍。虽辟以止辟,还刑期无刑。

【译文】

牢门间长满蒿草,牢狱里不再关押犯人,总让人怀想北齐天保初年大赦天下、郡无一囚的升平年代;乌鹊在大理院厅堂里做巢,天下无争,公堂寂静,世人都称誉唐玄宗登基后,衣食富足,人无牢狱之灾。空着赭衣的囚犯遍布在道路上,可以想见酷虐暴烈的刑罚,是多么令人难以忍受;玄色的斧钺罗列在门上,这些杀戮人民的刑具,未免把民众摧残得太过分了。唐朝李义府全家被抄斩,门前有沸汤之势,抚念这件事,让人于心不安;汉朝孔融被捕之后,他的儿子说:"覆巢之下,必无完卵。"扪心自问,究竟还有谁能忍心这样做。处以极刑的目的,是叫人民改过再不要犯下死罪,正所谓以辟止辟;刑罚是能够教化人民的,还是期望不用刑罚的好。

【原文】

周礼有三宥之词,千秋可法;虞廷有四赦之典,万古常称。蝇集笔端,识赦书之已就;乌啼宵夜,知恩诏之将颁。无赦而刑必平,文中之论。夫岂全诬;多赦则民不敬,管子之言,亦非尽谬。孔明治蜀,所以不行;吴汉临终,于焉致嘱。

【译文】

周礼有不识、过失、遗忘三种宽宥的科条,就是到千秋万代之后,也是值得依循的;虞舜时期对幼弱、老迈、蠢愚有赦罪的规定,就是万年之后,也会被人们称颂。苻坚想要大赦天下,乃与王猛、苻融密议于甘露堂,亲拟诏书,有一大蝇,其声甚厉,入室集于笔端,驱之复来,不一会儿,天下人皆知有赦书将至;宋朝的王义庆做江州太守的时候,有人弹劾他,一天夜里,他听到乌鸦的啼声,好像是"明日有赦"四个字,第二天果然有恩诏颁赐来了,改调他为南州太守。《文中子》的议论说,没有赦罪国度,用刑必须平允,难道这全是无稽之谈?《管子》里有句话说,多下赦令,那民众便不知道敬重了,这话也不完全是荒谬的。所以孔明治蜀二十余年,赦令从不妄下;东汉的吴汉临终之时,皇上亲问治国的大略,他说:"臣愚钝,没有什么见识,陛下谨记不可轻赦罪人。"

释道鬼神

新增文十二联

【原文】

如来释迦,即是牟尼,原系成佛之祖;老聃李耳,即是道君,乃为道教之宗,鹫岭祇园,皆属佛国;交梨火枣,尽是仙丹。沙门称释,始于晋道安;中国有佛,始于汉明帝。篯铿即是彭祖,八百高年;许逊原宰旌阳,一家超举。波罗犹云彼岸,紫府即是仙宫。曰上方,曰梵刹,总是佛场;曰真宇,曰蕊珠,皆称仙境。

【译文】

如来、释迦,就是牟尼佛,原来就是佛教的始祖,老聃、李耳,就是太上老君,是道教的祖宗。鹫岭、祇园,都是佛教修行的乐国;交梨、火枣,都是仙家炼就的丹丸。把沙门称做释,是晋朝的道安,他到佛国去受了戒,以师莫过于佛,遂以释为姓。中国有佛教,是从汉明帝开始,他梦见西域的金人长丈余,访之群臣,傅毅说,西域有神,其名曰佛,汉明帝前派臣子蔡愔等往天竺求其道,佛教由此传入中国。篯铿就是彭祖的姓名,他活到八百岁的高寿;许逊原是旌阳县的县令,后来学仙得道,他一家都超举升天。波罗如同说彼岸,紫府就是仙宫。所说上方、梵刹,都是供佛的场所;说真宇、蕊珠,皆是称誉仙人的境界。

【原文】

伊蒲馔可以斋僧,青精饭亦堪供佛。香积厨僧家所备,仙麟脯仙子所餐。佛图澄显神通,咒莲生钵;葛仙翁作戏术,吐饭成蜂。达摩一苇渡江,栾巴噀酒灭火。吴猛画江成路,麻姑掷米成珠。飞锡挂锡,谓僧人之行止。导引胎息,谓道士之修持。

【译文】

伊蒲做肴馔，可以供给僧人吃用，青粮煮的饭，也可以供养佛祖。香积厨，是寺庙所备，仙麟脯，是仙子所食。佛图澄为了显示他的神通，对着钵盂念咒语，居然生出莲花来；葛仙翁做游戏的法术，嘴里吐出米饭来，却变成了一群蜜蜂。达摩是梁武帝迎来中国，住在金陵，后来前往嵩山少林寺，用一根芦柴便渡过了江。栾巴很有道术，有一天汉桓帝赐他吃酒，他把酒向西南喷去，说县城西南方向发生火灾，用以灭火。吴猛遇一个仙人叫丁义，教授他仙法。后来他一次要过江，那江里没有船，他拿扇子划开江水，便开出一条大路。麻姑曾在蔡经家里，拿几升米掷在地上，化成了粒粒珍珠。锡杖飞行，锡杖悬挂，这是说僧人的行路或止息；导引和胎息，这是说的道家的修炼。

【原文】

和尚拜礼曰和南，道士拜礼曰稽首。曰圆寂，曰荼毗，皆言和尚之死；曰羽化，曰尸解，悉言道士之亡。女道曰巫，男道曰觋，自古攸分；男僧曰僧，女僧曰尼，从来有别。羽客黄冠，皆称道士；上人比丘，并美僧人。檀越檀那，僧家称施主；烧丹炼汞，道士学神仙。和尚自谦，谓之空桑子；道士诵经，谓之步虚声。菩者普也，萨者济也，尊称神祇，故有菩萨之誉。水行龙力大，陆行象力大，负荷佛法，故有龙象之称。儒家谓之世，释家谓之劫，道家谓之尘，俱谓俗缘之未脱；儒家曰精一，释家曰三昧，道有曰贞一，总言奥义之无穷。

【译文】

和尚行礼叫做和南，道士行礼叫做稽首。圆寂和荼毗，都是说和尚身死；羽化和尸解，都是说道士身亡。女道士叫巫，男道士叫觋，这是自古就有分别的；男和尚叫僧，女和尚叫尼，也是从来就有分别的。羽客同黄冠，都是称呼道士的话；上人同比丘，皆是赞美僧人的话。檀越和檀那，都是僧人称呼施主的话语；烧丹和炼汞，都是道士学法想成仙。和尚没有父母，所以自谦叫做空桑子；道士诵读经文，是效法空中神仙的声音，所以叫做步虚声。菩萨是普济众生的意思，尊称神祇，所以有菩萨的称誉。在水中游弋的，要数龙的力气最大；在陆地上行走的，要数象的力气最大，负荷佛家的法力，所以才有龙象的称呼。儒家所说的世，释家的所说的劫，道家所说的尘，都是说世俗的因缘，尚未解脱；儒家说精一的学问，释家说三昧的梵语，道家说贞一的卦象，这都是说深奥的义理，没有穷尽。

【原文】

达摩死后，手携只履西归；王乔朝君，舄化双凫下降。辟谷绝粒，神仙能服气炼形；不灭不生，释氏惟明心见性。梁高僧谈经入妙，可使岩石点火，天花坠地；张虚靖炼丹既成，能令龙虎并伏，鸡犬俱升。藏世界于一粟，佛法何其大；贮乾坤于一壶，道法何其玄。

【译文】

达摩死了以后，梁朝有个宋云在葱岭遇到了他，看见达摩手里拿着一只鞋子，说他要回西天去；王乔在叶县做官，每次来朝贺皇帝，不用车马，后来有人看他来朝的时候，有双凫从南飞下，举网捕之原来是一双鞋子。辟去稻谷，绝去米粒，这是神仙有吐纳空气，修炼形体的功夫；既不死灭，又不降生，佛陀只主张心境清明显现佛性。梁朝的高僧，宣讲佛经的道理，讲到神妙之处，能叫山石点头，天花落地；张虚靖炼丹成功，能够教龙虎降伏，鸡犬升天。把世界包藏在一颗米粒里，这佛家的法术，多么宏大；把天地收贮在一个葫芦里，这道家的法术，多么玄妙。

【原文】

妄诞之言，载鬼一车；高明之家，鬼瞰其室。无鬼论，作于晋之阮瞻；搜神记，撰于晋之干宝。颜子渊，卜子夏，死为地下修文郎；韩擒虎，寇莱公，死作阴司阎罗王。至若土谷之神曰社稷，干旱之鬼曰旱魃。魑魅魍魉，山川之祟；神荼郁垒，啖鬼之神。仕途偃蹇，鬼神亦为之揶揄；心地光明，吉神自为之呵护。

【译文】

妄诞的言语,说把鬼载来一车;高明的人家,有鬼窥看他的家室。《无鬼论》,说世界上没有鬼魂,是阮瞻所作;《搜神记》,是把神怪的故事搜集在一起,此书是晋朝干宝所撰。颜回和卜商两个人,死后在地下做了主管撰修文学的官;韩擒虎、寇准两个人,死后做了阴司的阎罗王。管土谷的神灵,叫社稷,使年岁干旱的鬼,叫做旱魃,魑魅同魍魉,是山川的鬼祟;神荼和郁垒,就是吃鬼的神灵。如果仕途困顿,那鬼神也会在暗中揶揄了;心地里如果光明正大,那吉神也会随之来呵护。

【新增文】

菩提无树,明镜非台。光明拳,打破疾迷膜;爱欲海,济渡大愿船。白足清癯,谁个未知禅味;赤髭碧眼,何人不是梵宗。法善为妻,智度为母,无烦询骨肉是谁;慈悲作室,通慧作门,不须问宅居何在。

【译文】

佛教禅宗五世祖弘忍禅师要选法嗣,令寺僧各为偈,上座神秀作偈书于壁上说:"身是菩提树,心如明镜台。时时勤拂拭,莫使染尘埃。"慧能又在神秀题字旁边写道:"菩提本无树,明镜亦非台。本来无一物,何处染尘埃。"法嗣遂定为慧能。如来举起光明拳,便打破了痴迷的皮膜;俗人的爱欲,汪洋如大海,只有菩萨的大愿船,可以济渡。昙如叫白足僧,可善权骨格清癯,便叫瘦权,他们俩哪个不知道禅林的滋味;佛陀耶嘴唇上有赤髭,达摩有一双碧眼,他们都是得道和尚,哪一个不是梵家所宗仰的人。释迦氏以法善为妻室,智度做母亲,不用询问他的骨肉是何人;如来佛用慈悲做家室,用通慧做门户,不须再问他宅居何处。

【原文】

孙居士大啸一声,山鸣谷应;陈先生长眠数觉,物换星移。岩下清风,黑虎卖董仙丹杏;山间明月,彩鸾栖张叟绿筠。赵惠宗火中化鹤,岂避烽烟;左真人盘里引鲈,不须烟浪。萧子曾餐芝似肉，安期更食枣如瓜。

【译文】

　　孙登这位居士，呼啸一声，山也随之鸣叫，谷也随之响应。陈抟老先生，长久睡眠，几个月后才醒觉过来，那节气已经转换，星象也已移动了。董奉隐居的庐山，为人治病，从不望报，就像岩下的清风，习习吹拂，一尘不染。病愈的人为答谢他，每人种下一株杏树，时间长了，便成了一片杏林。杏子熟了，人们用一石谷便可换走一石杏，多取者，便有黑虎来驱逐。张虚静隐居龙虎山，夜有明月彩鸾相伴，因作诗："结庐高处无人到，夜半彩鸾枉绿筠。"赵惠宗坐在火中，化成一只仙鹤飞出，他一点也不害怕烽火。左慈戏弄曹操，在水盆里引出松江鲈鱼来，他也不需要波浪。萧静之曾在地下掘到一件东西，像个人手，烹而食之，味很肥美，有个道士他说是肉芝。安期生是汉武帝时候的仙人，他所吃的枣子，其大如瓜。

【原文】

　　夏郊有异神，祀处却转凶为吉；黎邱多奇鬼，惑时必以伪害真。唐时花月妖，畏见狄梁公之面；晋代枌榆社，悉逢阮宣子之柯。

【译文】

　　晋侯有病的时候，梦见黄熊飞到房里，子产说是鲧在羽山被杀，其神变成黄熊，就是夏郊。您没有祭祀它吧！后来晋侯去祭祀，果然转凶为吉，病就好了；黎丘有许多奇鬼，有个丈人在街市上酒醉归家的时候，鬼变成他儿子的模样，在路上扶他，后来回到家里，儿子说根本没有这桩事，必定是鬼来迷惑的。第二天丈人故意又去街市上饮酒，欲刺杀那鬼。儿子恐父亲酒醉回不来，急忙去迎接父亲，丈人望见自己的儿子，怀疑是鬼，便拔剑杀死了真儿子，这是以伪害真。武三思有个妓女叫素娥，很有姿色，狄梁公请见，忽然不见了她的踪影，只听见庭堂深处有说话声："妾乃是花月妖，梁公是正人君子，我不敢见。"晋朝有个枌榆社，阮宣子用斧砍伐社树，伐前，有人制止他，宣子说："社而为树，伐树而社亡。树而为社，伐树则社移，何害之有。"

【原文】

仍思手大入窗,贞夫举笔;翻忆舌长吐地,壮士吹灯。邹德润迁项王祠,莫形有也;牛僧孺宿薄后庙,岂其然乎。

【译文】

一个大胆书生夜里看到鬼的一只大手伸进窗户,书生举起朱笔,在鬼手上写了一个"草"字,鬼手缩了回去,这事让人思念不止;嵇康夜里弹琴,一鬼破门而入,吐出的舌长约有七八尺,垂在地上,嵇康吹灭了灯火,说:"耻与魑魅争光。"此事亦令人时常回忆。邹德润做吴兴太守的时候,郡有项羽庙,据厅事一半,德润说:"生不能与汉争中原,据此厅事何也?"竟把项羽庙迁到别的地方去了,这真是莫须有的事情;牛僧孺尚未发达的时候,因夜行迷了路,远望火光,到一所大宅前,有人引入宅内,珠帘中有人说道:"妾是汉文帝母薄太后,您怎么来到这里?"遂唤出王嫱、杨太真、潘妃,各自见礼毕,又别有善于吹笛女子。太后问道:"今日谁伴牛秀才就寝?"诸妃都推辞。皇后指定王嫱,于是送入昭君院中。次日清晨醒觉,乃知是鬼,哪里会有这等奇异的怪事。

鸟　兽

新增文十三联

【原文】

　　麟为笔虫之长，虎乃兽中之王。麟凤龟龙，谓之四灵；犬豕与鸡，谓之三物。骒骍骅骝，良马之号；太牢大武，乃牛之称。羊曰柔毛，又曰长髯主簿；豕名刚鬣，又曰乌喙将军。鹅名舒雁，鸭号家凫。鸡有五德，故称之曰德禽；雁性随阳，因名之曰阳鸟。家狸乌圆，乃猫之誉；韩卢楚犷，皆犬之名，麒麟驺虞，皆好仁之兽；螟螣蟊贼，皆害苗之虫。

【译文】

　　毛虫有三百六十种，麒麟居长，虎是兽类中最凶猛的，所以它是兽中之王。麟凤龟龙，皆有灵性，便叫做四灵，狗猪同鸡，是古代君臣刺血盟誓时用的物品，所以叫做三物。骒骍、骅骝，都是好马的名号；太牢、大武，都是牛的称呼。羊叫做柔毛，又叫做长髯主簿；猪叫做刚鬣，又叫做乌嘴将军。鹅名叫舒雁，鸭又叫家凫。鸡有五种德性，所以被称之为德禽；大雁的性情，追随节令的阳气，秋天便列阵飞向南方，因此名叫阳鸟。家狸和乌圆，乃是猫的称誉；韩庐同楚犷，都是犬的名号。麒麟同驺虞，是好行仁德的兽类；螟螣、蟊贼，都是妨害禾苗的虫子。

【原文】

　　无肠公子，螃蟹之名；绿衣使者，鹦鹉之号。狐假虎威，谓借势而为恶，养虎贻患，谓留祸之在身。犹豫多疑，喻人之不决；狼狈相倚，比人之颠连。胜负未分，不知鹿死谁手；基业易主，正如燕入他家。雁到南方，先至为主，后至为宾；雉名陈宝，得雄则王，得雌则霸。

【译文】

无肠公子，是螃蟹的名称；绿衣使者，是鹦鹉的名号。狐狸假借老虎的威势，是说借他人的势力去做恶事；豢养老虎而贻留下祸害，是说人留祸患在自身。犹豫是两种兽类，性多疑，后被用来比喻人没有决断；狼无狈不能立，狈无狼不能行，若相离则进退不得，狼狈是形容那些互相勾结、为非作歹的人。胜负尚未分明，如同打猎时射鹿，大家共同追逐，不知它将死在谁人手里；基业更换了主人，如同燕子春来秋去，飞入别人的家室。大雁飞往南方的时候，仲秋先到的为主，季秋后到的为宾；秦穆公时，一位陈仓人看到两个童子化而为雉，名叫陈宝，往告穆公曰："得雄者王，得雌者霸。"

【原文】

刻鹄类鹜，为学初成，画虎类犬，弄巧反拙。美恶不称，谓之狗尾续貂；贪图不足，谓之蛇欲吞象。祸去祸又至，曰前门拒虎，后门进狼；除凶不畏凶，曰不入虎穴，焉得虎子。鄙众趋利，曰群蚁附膻；谦己爱儿，曰老牛舐犊。无中生有，曰画蛇添足；进退两难，曰羝羊触藩。杯中蛇影，自起猜疑；塞翁失马，难分祸福。

【译文】

雕刻鹄鸟，反倒像鹜的样子，这是说仿效得虽然不太逼真，但还相似，形容学问刚刚有所成就；画只老虎反倒像狗的样子，比喻好高骛远而无所成，弄巧成拙，反贻笑柄。事物的美恶前后极不相称，譬如先前拿貂来做，后来只能拿狗尾来冒充；贪得无厌，永不满足的欲念，如同巴蛇要来吞吃大象。这种祸患才去，那种祸患又到了，恰如前门拒绝了老虎，后门又引入了豺狼；为驱除凶恶，便不畏惧凶恶，叫做不入老虎的窟穴，又怎能捉到老虎的崽子呢。鄙薄众人趋逐财利，便说一群蚂蚁依附着膻肉上；谦说自己喜爱儿子，便说如同老牛舌舐小犊一般。本来没有的东西，无端生了出来，如同画了一条蛇，却又添上四只脚；进不去，退不出两向都难，如同强壮的羝羊，牴触藩篱。酒杯里有蛇的影子,这是自己无端生起疑心来;塞上的老翁丢失了马匹,这是难以分别它是祸是福。

【原文】

龙驹凤雏,晋闵鸿夸吴中陆士龙之异;伏龙凤雏,司马徽称孔明庞士元之奇。吕后断戚夫人手足,号曰人彘;胡人腌契丹王尸骸,谓之帝羓。人之狠恶,同于梼杌;人之凶暴,类于穷奇。王猛见桓温,扪虱而谈当世之务;宁戚遇齐桓,叩角而取卿相之荣。

【译文】

"陆家儿不是龙驹,定是凤雏。"这是晋朝的尚书闵鸿夸奖吴中陆士龙的话,因为他和其兄陆士衡都有奇异的才学;"伏龙凤雏,两人得一,可定天下",是司马徽对刘备称赞诸葛亮、庞统的话,因为他二人都是当时的奇杰。汉朝吕后截断戚夫人的手足,投在猪圈里,叫做人彘。五代时,契丹主耶律德光率兵南侵,自汴归国,在途中死去,契丹人剖其腹,去其肠胃,用盐腌起来,载回国中,叫做帝羓。人的行为狠恶,如同梼杌这种猛兽一样,所以颛顼氏的不肖之子叫梼杌;人的行为凶暴,如同穷奇这种猛兽一样,所以少昊氏的儿子共工叫穷奇。北海王猛,隐居华阴,倜傥有大志,听说桓温征伐前秦,披短衣前去谒见,一边手捉虱子,一边嘴里谈论当世的事务,旁若无人;宁戚家贫,替人赶车,喂牛时叩击牛角而唱道:"从昏饭牛至夜半,长夜漫漫何时旦。"齐桓公听到后认为这是个奇才,拜为上卿。

【原文】

越王轼怒蛙,以昆虫之敢死;丙吉问牛喘,恐阴阳之失时。以十人而制千虎,比言事之难胜;走韩卢而搏蹇兔,喻言敌之易摧。兄弟如鹡鸰之相亲,夫妇如鸾凤之配偶。有势莫能为,曰虽鞭之长,不及马腹,制小不用大,曰割鸡之小,焉用牛刀。

【译文】

越王勾践伐吴时候,在路上看见怒蛙横于车前,便两手凭轼,向它表示敬意,左右问其故,说是"昆虫敢于奋死,为何不轼?"这是为了激励士兵勇于作战,视死如归;汉代的丙吉做宰相时,到郊外去,路上遇到打死人者,他不闻不问。又遇到一人追赶一头牛,牛呼呼喘气。便上前问道:"牛跑了多少路了?"侍从怪他前后所问失当,丙吉说:"牛喘出舌,往往是阴阳失序的征兆,三公负责调理阴阳,所以要问个明白。打死人者,自有京兆尹去管,不是宰相所应当问的。"人人都是怕老虎的,要用十个人去制服一千只老虎,是绝不可能的事情,宋朝的常安民常以此来比喻做事难以取得胜利;韩国的卢是只跑得最快的猎犬,用它去搏击那跛脚的兔子,是不难猎获的,战国的范雎常以此比喻敌人易于摧折。兄弟如同鹡鸰鸟,遇到急难,便互相救助,相亲相爱;夫妇如同鸾凤神鸟,匹配偶合,雌雄不乱。有势力而不能够有所作为,好比是马鞭虽长,却终不能打到马腹上;制伏小敌,不须用大的气力,好比是宰割小鸡,何须用着杀牛的刀。

【原文】

鸟食母者曰枭,兽食父者曰獍。苛政猛于虎,壮士气如虹。腰缠十万贯,骑鹤上扬州,谓仙人而兼富贵;盲人骑瞎马,夜半临深池,是险语之逼人闻。

【译文】

飞禽里面吃食自己母亲的是枭,走兽里面吃食自己父亲的是獍。繁杂的赋税,比老虎还要凶猛。豪壮的义士,倚天抽剑视死如归,气壮山河,豪气就像天边的彩虹绚烂照人。从前有三位仙人谈心,一说愿腰缠十万贯钱,一说愿骑上仙鹤到扬州去做刺史,一说愿意兼而得之;眼盲的人,骑上一匹瞎马,夜半来到深水池畔,其后果将不堪设想,晋朝殷仲堪的参军一说出这险象环生的话语,在座的人都觉得毛骨悚然。

【原文】

黔驴之技,技止此耳;鼯鼠之技,技亦穷乎。强兼并者曰鲸吞,为小贼者曰狗盗。养恶人如养虎,当饱其肉,不饱则噬;

养恶人如养鹰,饥之则附,饱之则飏。隋珠弹雀,谓得少而失多;投鼠忌器,恐因甲而害乙。

【译文】

古时黔地无驴,好事者用船载来置于山下,山上的老虎见此庞然大物都很害怕。驴发出鸣叫,虎远远逃走。时间一长,老虎渐渐习惯了,向驴靠近,驴扬蹄踢虎,虎喜曰:"技止此耳。"便一跃而起,将驴子吃掉。鼯鼠有五种技艺:能腾飞但不能飞过屋脊,能攀援但不能爬得高过树木,能游泳但不能渡过河谷,能打洞但不能掩住自己的身体,能快跑但不能赶上人,除此五种技艺,再也没有别的能力了。强横地去兼并人家的财物,这如同鲸鱼在海里吞噬其他鱼类;做窃贼的人,总是小偷小摸,如同狗盗窃肉骨头一样。豢养凶恶的人,如同豢养老虎一样,必须用肉来喂饱它,喂不饱,它便要伤人;豢养凶恶的人,又如同养鹰一样,饥饿的时候,它便归附于人,吃饱了食便高飞远走。用贵重的隋侯之珠,弹千仞高空的鸟雀,世人必笑,这是因为获得的少,而损失的多;投击老鼠却害怕损坏了器具,这是比喻要想除恶而又怕伤害了别人。

【原文】

事多曰猬集,利小曰蝇头。心惑似狐疑,人喜如雀跃。爱屋及乌,谓因此而惜彼;轻鸡爱鹜,谓舍此而图他。唆恶为非,曰教猱升木;受恩不报,曰得鱼忘筌。倚势害人,真是城狐社鼠;空存无用,何殊陶犬瓦鸡。

【译文】

事情太多,就说如同刺猬身上的刺一样密集,利益微小,就说好像苍蝇的头只有一小点。心里惶惑,就说如同狐狸一样多疑,人有欢喜,便会如同小雀欢欣跳跃。爱惜房屋,连栖止在屋上的乌鸦都受到了怜爱,这是比喻爱其人而推爱及与之有关的人或物;轻视家鸡,而喜爱飞来的野鸭子,这是晋朝庾翼批评子弟们舍弃自家的风格而另学别人的风格。唆使凶恶的人去为非作歹,就好像教那本来就善攀援的猕猴,攀上树的顶端;受到人家的恩惠,不知道去报答,叫做捕鱼的人得到了鱼,竟把那用来捕鱼的竹器丢掉了。倚仗着别人的势力去伤害人，真像躲在城墙里的狐狸，藏在社庙里的老鼠，不敢掘（恐怕毁了城墙），不敢熏（恐怕烧了社庙）；空摆设在一边，没有任何用处，如同陶瓷烧制的小狗和泥土做的鸡，无守夜之警，无司晨之鸣。

【原文】

势弱难敌，谓之螳臂当辙；人生易死，乃曰蜉蝣在世。小难制大，如越鸡难伏鹄卵；贱反轻贵，似鸢鸠反笑大鹏。小人不知君子之心，曰燕雀焉知鸿鹄志；君子不受小人之侮，曰虎豹岂受犬羊欺。

【译文】

势单力薄难以抵御强大的敌人，就好像螳螂举其臂立在大路当中，车子滚过来就有生命危险；人生短暂，容易死去，就像蜉蝣来到这个世界，早上方生，日暮则死。黄鹄生下的蛋很大，越国的鸡两翅短小，不能孵化，这叫做小难制大；大鹏一飞九万里，斑鸠反笑它太费力气，这是低贱的反而轻视高贵的。小人不知道君子的抱负，叫做燕雀小鸟，哪里知道鸿鹄的大志呢；君子不肯受小人的侮辱，叫做虎豹猛兽，哪里肯受犬羊的欺负。

【原文】

跖犬吠尧，吠非其主。鸠居鹊巢，安享其成。缘木求鱼，极言难得；按图索骥，甚言失真。恶人借势，曰如虎负嵎；穷人无归，曰如鱼失水。九尾狐，讥陈彭年素性谄而又奸；独眼龙，夸李克用一目眇而有勇。

【译文】

汉朝基业稳固后，吕后斩韩信，韩信说，悔不用蒯通之言。刘邦诏蒯通问道："你教韩信造反了吗？"蒯通说："是的，跖犬吠尧并不是不仁，而是只认自己主人的缘故。当时臣只知道韩信，并不知道陛下。"刘邦赦免了他。人们用跖犬吠尧比喻人臣各为其主。《诗经》上说："惟鹊有巢，惟鸠居之。"鸠性笨拙，不善营建巢穴，便住进雀造好的巢穴中，斑鸠就这样心安理得地坐享其成了。鱼儿一般生长在水里，攀援到树上去，怎么能捕到鱼呢？这是孟子极言事情难以做到；齐景公喜好千里马，命画工画出图样，按图去寻求千里马，两年而没有得到。这是说图画上的骏马，与生活中真实的骏马，距离是很大的。恶人凭借别人的势力，如同老虎背靠着山谷，猎人是无法对付的；人的处境很窘迫，就说如同游鱼失去河水，怎么也活不下去了。宋真宗时的陈彭年，敏捷强记，好刑名之学，谄媚奸险，人讥之为九尾狐；唐僖宗时的李克用，率兵灭掉黄巢，时人以其仅有一只眼睛而骁勇善战，称他为独眼龙。

【原文】

指鹿为马，秦赵高之欺主，叱石成羊，皇初平之得仙。卞庄勇能擒两虎，高骈一矢贯双雕。司马懿畏蜀如虎，诸葛亮辅汉如龙。鹪鹩巢林，不过一枝，鼹鼠饮河，不过满腹。人弃甚易，曰孤雏腐鼠；文名共仰，曰起凤腾蛟。

【译文】

秦朝的赵高欲专权，持鹿献给秦二世，说是马，二世笑道："丞相错了，指鹿为马。"问左右，有言鹿者，赵高乃背地里以法治之，群臣皆畏赵高。后人以此比喻故意颠倒是非、擅作威福；呼叱石头就变成白羊，这是黄初平放羊的时候，遇见金华山上的道士，传授他的法术。卞庄的勇力，能够擒捉两只老虎，高骈一箭射中了两只大雕，以后果然得做高官。司马懿看见诸葛亮的兵，便闭门不出，他手下人说他"畏蜀如虎"，诸葛亮辅佐蜀汉，鞠躬尽瘁，死而后已，还同当年的卧龙一样。鹪鹩小鸟，在树林里结巢，不过占用树的一枝而已；鼹鼠吸饮河水，不过喝满了肚皮了事。弃绝人家，容易得很，就好像抛弃孤单的雏鸟和腐烂的老鼠；文章闻名于世的大家，众人共同仰慕他，就像瞻仰那飞起的凤凰和腾云的蛟龙。

【原文】

为公乎，为私乎，惠帝问虾蟆；欲左左，欲右右，汤德及禽兽。鱼游于釜中，虽生不久；燕巢于幕上，栖身不安。妄自称奇，谓之辽东豕；其见甚小，譬如井底蛙。

【译文】

是为公事,还是为私事?这是晋惠帝听见虾蟆叫的声音,向侍从提出的问题;商汤王出巡,见旷野有人四面张网,祝告说:"天下四方,皆入吾网",汤王说,这样一来,禽兽就完全灭绝了。于是,把网打开三面,祝告道:"鸟兽们,愿往左跑的就往左跑,愿往右跑的就往右跑,不听我话的才进入我的网中。"诸侯听说了这件事,都说汤王的德泽无边,已经推及禽兽了。鱼在锅中游泳,虽然暂时还活着,但是为时不久了;燕在幕上做巢,虽然能苟且栖身,但是不得安宁。古时辽东的一个地方,生了一只白毛猪,人都以为是稀奇的事,要将它进贡给皇上,走到河东看见群猪都是白色的,乃惭愧而返,后人将这种妄自称奇的事,叫做辽东豕;人的见识孤陋寡闻,就像坐在井底的青蛙,只能见到井口大的一块天,没有见过更多世面,把他叫做井底蛙。

【原文】

父恶子贤,谓是犁牛之子;父谦子拙,谓是豚犬之儿。出人群而独异,如鹤立鸡群;非配偶以相从,如雉求牡匹。天上石麟,夸小儿之迈众;人中骐骥,比君子之超凡,怡堂燕雀,不知后灾;瓮里醯鸡,安有广见。马牛襟裾,骂人不识礼义;沐猴而冠,笑人见不恢宏。

【译文】

《论语·雍也》:"犁牛之子骍且角,虽欲勿用,山川其舍诸?"这是说父虽不善,不妨害其子能成为贤人;曹操曾说:"生子当如孙仲谋,刘景升儿子若豚犬耳。"后人把豚犬用来谦称儿子愚蠢。人的才德和仪表卓然出众,如昂昂然独立于鸡群的仙鹤;不是同类的却偏要匹配在一起,如同雌的野鸡鸣叫着去追求那雄的走兽来做配偶。天上石麒麟,降生在了人间,这是夸誉小儿超迈众人、无人匹敌的话;人中的骐骥,这是赞美士人超出凡庸、鹏程万里的话。燕雀筑巢于堂上,怡然自安,火苗顺着烟囱而上,大厦眼看要烧毁了,燕雀还不知大祸正在临近;醋坛里蓬蓬乱飞的小虫,哪里会有广远的见识。虽然衣冠楚楚,却仍同马牛一样,这是骂人不识礼仪;给猴子戴上一顶帽子,它便洋洋得意,这是耻笑那见识不广阔的人。

【原文】

羊质虎皮，讥其有文无实；守株待兔，言其守拙无能。恶人如虎生翼，势必择人而食；志士如鹰在笼，自是凌霄有志。鲋鱼困涸辙，难待西江水，比人之甚窘；蛟龙得云雨，终非池中物，比人大有为。

【译文】

羊的本质，虎的皮毛，这是讥笑人徒有其表而没有实在的本领；坐守在断树的旁边，等待兔子来触树而死，是说那些一心想着不劳而获、坐享其成的人笨拙无能，不能给恶人以机会和权力，否则他们将像老虎添了双翼，势必要飞入百姓之家，拣择有油水的人来吞食了；志士就像养在笼里的老鹰，虽身陷囹圄，没有自由，然每当风涛突起，便有扶摇直上的凌云之志。鲋鱼被困在干涸的车辙中。是难以等待西江之水来救援的，这是用《庄子》的寓言故事来比喻人贫穷窘迫，难以维持生计；刘备访孙权，求做荆州都督，周瑜上疏说："刘备绝不是自甘久居人下的人，就像蛟龙得水，终究不是池中物啊。"这是比喻人将大有作为，飞黄腾达。

【原文】

执牛耳，谓人主盟；附骥尾，望人引带。鸿雁哀鸣，比小民之失所；狡兔三窟，诮贪人之巧营。风马牛势不相及，常山蛇首尾相应。百足之虫，死而不僵，以其扶之者众；千岁之龟，死而留甲，因其卜之则灵。

【译文】

春秋时，盟会诸侯，由主持盟会的人，执牛耳取血给大家分尝。后将主持其事而居于领导或主宰地位的人，叫执牛耳；汉光武帝曾说："苍蝇的飞翔，不过几步远近。若是依附在宝马尾巴上就可以日行千里。"后将望人提携，叫做附骥尾。《诗经》上说："鸿雁于飞，哀鸣嗷嗷。"这是说万民流散、流离，没有安身之所；战国时的冯煖曾对孟尝君说："狡兔有三窟。"这是比喻藏身之处多，便于避祸，后人以此讥诮那些自私贪婪的人巧作安排。动物牝牡之间的发情，牛和马是不会互相吸引的。常山有一种蛇，击其首则尾应，击其尾则首应，击其中则首尾相应。百足的虫子，即使死了，也不会立刻倒下，这是因为扶持者众多的缘故；千年的神龟就是死了，它的甲背也会被人留下来，因为用它占卜一定很灵验。

【原文】

大丈夫宁为鸡口，毋为牛后；士君子岂甘雌伏，定要雄飞，毋侷促如辕下驹，毋委靡如牛马走。猩猩能言，不离走兽；鹦鹉能言，不离飞鸟。人惟有礼，庶可免相鼠之刺；若徒能言，夫何异禽兽之心。

【译文】

大丈夫有顶天立地的气概，所以宁可做鸡嘴可以进食，也决不去做牛屁股给牛出粪；士君子有出人头地的期望，怎能甘心像雌鸟伏在草丛间，定要像雄鹰展翅高飞。不要拘拘束束，像辕下的驹马，不要委靡不振，如做牛马的仆役。猩猩虽然能说话，却仍然离不开走兽的类属；鹦鹉虽然会辞令，却仍然改变不了飞禽的本性。人惟有懂得礼节，才可免去《诗经·相鼠》中："相鼠有礼，人而无礼。人而无礼，胡不遄死"的讽刺；若徒然有说话的本领而没有礼节的约束，那脑子所想的同禽兽又有什么不同呢？

【新增文】

百鸟鹞称悍，众禽鹤独胎。提壶提壶，定是村中有酒；脱袴脱袴，必然身上无衣。百舌五更头，学尽众禽之语；鹧鸪九霄外，顿空诸鸟之群。瓮中鸤鸠巧于人，江上白鸥闲似我。

【译文】

百种飞鸟，只有鹞可称强悍；众多飞禽，惟独鹤是胎生。朱元晦有诗云："提壶卢，沽美酒，春风浩荡吹杨柳。"所以听到提壶鸟鸣，必定是村里有酒了；还是朱元晦的诗："脱袴脱袴，桑叶阴阴墙下露。回头忽忆舍中妻，去年已逐他人去。旧袴脱了却不辞，新袴知教阿谁做。"所以脱袴鸟鸣，必定是身上无衣，寒苦难耐。百舌鸟每到五更天的时候，就能学出众禽的鸣叫；鹧鸪高飞在九霄云外，顿时鸟群中就没有出类拔萃的了。鹦鹉能学人说话，有一瓮鼻人，鹦鹉总也学不像，它就把头纳入瓮中而语，果然酷似瓮鼻人自语，鹦鹉此举，真比人还要灵巧；江水边的白鸥，终日立在岸边，形影相吊，真比我还要清闲。

【原文】

莺呼金衣公子，鹨号锦带功曹。鹘入鸦群，雄威岂敌；鸭去鸡队，气类不侔。彪著羊，彪雄而羊败；罴敌犬，罴寡而犬强。猿献玉环，孙恪自峡山失妇；鹿随丹毂，郑弘从汉室封公。

【译文】

黄莺的羽毛，金黄璀璨，所以被叫做金衣公子；鹨这种水鸟，身上的花纹像锦带，倒映水中，色彩纷呈，所以号称锦带功曹。鹘鸟飞入乌鸦群中，它雄壮的威力，乌鸦哪能抵挡得住呢；鸡孵养鸭雏，鸭长大了便浮水而去，鸡在岸边呼唤，鸭不返顾，因为鸡鸭的气类实在不相投合。唐代的杨思元做吏部尚书，被夏侯彪参奏，时人称为"彪著羊"，彪（小老虎）形雄壮，性强悍，那羊自然要失败了；如果用五条狗去攻击一只马熊，马熊肯定不敌，不是马熊不凶猛，而是狗太多了。孙恪娶袁氏女为妻，过端州游峡山寺时，馈送僧人一双玉环，斋罢，野猿数十来迎袁氏女，那妇人长啸一声，化猿而去，僧人顿悟，说这玉环是我二十年前系在猿猴颈下，那妇人原是猿猴变的；郑弘做临淮太守，春游时，他的车旁有两只麋鹿随行，有个主簿向他称贺："位居三公者车子上才画双鹿，不久您必将入阁拜相。"后来郑弘果然做太尉。

【原文】

蛮蛮之皮，有可辟除疠瘴，猱猱之尾，殊堪却退烟岚。李愬设谋平蔡，藉声于鸭队鹅群；卢公觅句迁官，得力于猫儿狗子。长乐宫中有鹿，衔残妃子榻前花；午桥庄外多羊，点缀小儿坡上草。

【译文】

蛮蛮的皮，可以辟除山谷间的瘴气；猱猱的长尾，可以退却那山岗上的烟岚。唐吴元济据蔡州不出，李愬率兵攻蔡，夜半至城下，设计谋，先令士卒击城下的鹅鸭池塘，凭借鹅鸭的聒噪之声做掩护，蔡州城遂被攻破；五代蜀国的卢延逊曾作诗云："饥猫临鼠穴，馋犬舐鱼砧。"蜀主王建甚喜这两句诗，升他做给事官，卢延逊说："平生投谒公卿，不意得力于猫儿狗子。"唐明皇的长乐宫里牡丹盛开，颜色艳丽，忽有野鹿衔花至贵妃榻前，后来方知是安禄山造反的先兆；午桥庄小儿坡，芳草茂盛，裴晋公（裴度）常赶羊散布到坡上，说："芳草多情，赖此装点耳。"

【原文】

羊舌氏虽为佳话，马头娘未是美谭。辕门传号令，李将军椎飨士之牛；邑士起讴歌，时令尹留去官之犊。

【译文】

春秋时，羊舌氏的祖先，是个擅偷羊的人，他把偷来的羊头馈送给叔向的母亲，叔向母便把羊头埋在地下。后来偷羊的事被追究起来，人们掘地而得羊头，肉烂惟有舌存，国人便称这偷羊人为羊舌氏，人们把这事传为佳话。古代高辛氏时，蜀人某被人抢掠，惟所乘马独自返回。其妻当众盟誓："有得夫归者，便将女儿许配给他。"马跃而去，负其夫归。妻食言，马悲鸣不已。妇人便射杀之，把皮晾在庭堂上，皮忽然跳起，卷起其女飘然而去。数日马尸朽烂，化为蚕，人称马头娘，这个传说听起来未必是优美动人了。辕门里传出号令来，说李广将军亲自杀牛犒劳士卒，此举尽得士卒之心，等到交战时无不尽力卖命，每战必捷，边塞号为飞将军；时苗做寿春县令，当他上任时，以母牛驾车，后来牛生一犊。当他离任时，时苗说："此犊产于本地，还是留给这里的百姓。"官吏和百姓都很爱惜它，叫它"时公犊。"

花　木

新增文十一联

【原文】

植物非一，故有万卉之名；谷种甚多，故有百谷之号。如茨如梁，谓禾稼之蕃；惟夭惟乔，谓草木之茂。莲乃花中君子，海棠花内神仙。国色天香，乃牡丹之富贵；冰肌玉骨，乃梅萼之清奇。

【译文】

大千世界之中，植物并非一种，所以花木有万卉的称呼；广袤原野之上，米谷的种类繁多，所以有百谷的称号。《诗经》上说："曾孙之稼，如茨如梁。"是形容禾稼的蕃盛；《尚书》上说："厥草惟夭，厥木惟乔。"也是说草木的丰茂。莲花品格高洁，出污泥而不染，濯清涟而不妖，被喻为花中君子；海棠花色甚为艳丽，然而开花不香，又不结果，被称作花中神仙。牡丹有倾国的婀娜姿色，弥天的沁人香气，被喻为富贵之花；冰一样清凉的肌肤，玉一样洁白的骨节，梅萼之中有着清高奇秀的神韵。

【原文】

兰为王者之香，菊同隐逸之士。竹称君子，松号大夫。萱草可忘忧，屈轶能指佞。箖箊，竹之别号；木樨，桂之别名。明日黄花，过时之物；岁寒松柏，有节之称。樗栎乃无用之散材，杞楠胜大用之良木。

【译文】

兰花生在幽谷，不与百花争艳，郁郁独拔，幽香飘逸、弥久不衰，有王者香的雅号,菊花傲寒斗霜,不屈于秋气的袭击,如同隐逸的士人,竹有节而虚心,被称为君子。松树傲霜斗雪,经冬不凋,悬崖峭壁上也能生长,秦始皇登泰山时暴雨忽至,是松树庇护他躲过风雨,秦始皇封给它"五大夫"的官职。人观玩萱草,可以忘忧,所以萱草又叫忘忧草。黄帝时代,有一种草名屈轶,佞人进来它就指向佞人,故名指佞草。篔筜,是竹子的别名;木樨,是桂花的代称。古人赏菊贵在九月九日,前人有《重阳》诗云:"明朝还是过时花。"于是明日黄花(菊花),就被喻为过时的事物;孔子曾说:"岁寒然后知松柏之后凋。"是称赞它品德高尚、气节超凡。樗栎,其大干臃肿而不中绳墨,其小枝卷曲而不中规矩,所以被称为无用的散材,梗楠豫章,都是树干长大,木质坚韧,可做栋梁用的上等木材。

【原文】

玉版,笋之异号;蹲鸱,芋之别名。瓜田李下,事避嫌疑;秋菊春桃,时来尚早。南枝先,北枝后,庾岭之梅;朔而生,望而落,尧阶蓂荚。茁苣背阴向阳,比僧人之有德;木槿朝开暮落,比荣华之不长。芒刺在背,言恐惧不安;薰莸异气,犹贤否有别。

【译文】

玉版和尚在同泰寺做主持时,邀苏东坡和刘器之同往吃笋,器之觉笋味鲜美,问何名,苏东坡戏说是玉版,后人便将玉版做笋的别名;岷山之下有芋,其大如斗,形似鸱鸟蹲于岩下,所以蜀人用蹲鸱做芋的别号。魏武帝曾说:"瓜田里面不纳履,桃李树下不整冠。"这是避免嫌疑的最好办法;"桃花二月放,菊花九月开。一般根在土,各自等时来。"这诗所言人的时运有迟有早。南面的枝条因暖其花先开,北面的枝条因寒其花后开,这是庾岭上的梅花;每月的初一开始生荚,每月的十五开始落荚,这是说唐尧庭阶上的蓂荚。茁苣草生在地下,叶背向阴,叶面向阳,用以比喻僧人有德;木槿开小花,早上开放,晚上就凋谢了,所以被用来比喻人的荣华不能久长。好像有草木的棘刺扎在脊背上,这是汉宣帝看到霍光专权,心里感到恐惧不安;薰草和莸草一香一臭,自然是不能放在一起,所以贤人和不贤的人,也同样各有各的情趣。

【原文】

桃李不言，下自成蹊；道旁苦李，为人所弃。老人娶少妇，曰枯杨生稊；国家进多贤，曰拔茅连茹。蒲柳之姿，未秋先槁；姜桂之性，愈老愈辛。王者之兵，势如破竹，七雄之国，地若瓜分。

【译文】

桃李熟了的时候，虽不能开口唤人前来摘取，那树下面也自然踏出一条过往的小路；道旁李树上的李子，虽然近在咫尺，可是人们都嫌它的滋味苦涩，而没有谁肯去采摘。老年人娶了个年少的妻子，叫做枯槁杨柳忽然绽出新芽；国家进用许多贤人，如同拔茅草一样，连根茹都牵带起来。蒲柳的姿质，没有等到萧瑟的秋天，便先自枯槁；姜桂的性质，越长得老，味道越辛辣。施行王道者的军队，攻取城池，其势有如破竹，节节胜利，毫无阻挡；战国时期，七雄分立，中原之地，如同一个大瓜被一块块地分割开来。

【原文】

苻坚望阵，疑草木皆是晋兵；索靖知亡，叹铜驼会在荆棘。王佑知子必贵，手植三槐；窦钧五子齐荣，人称五桂。钮麑触槐，不忍贼民之主；越王尝蓼，必欲复吴之仇。

【译文】

前秦君主苻坚在淝水打了败仗，远望战阵，怀疑那一草一木，都伏有晋朝的兵丁；索靖晓得晋朝将要灭亡了，他抚摸着宫殿门前的铜驼，连连叹息道："再看见你的时候，恐怕是在郊外的荆棘丛中。"唐朝的王佑有大功，却未能拜相，曾对人说："我不做相郎必做。"亲手在庭前栽下三棵槐树，预示着三公将出在自家门庭。窦钧的五个儿子一同做了大官，非常显贵，人们称贺他们像燕山的五棵桂树。晋灵公无道，赵盾多次直谏，灵公很忌怕，视为心病，派力士钮麑前去刺杀他，这时赵盾穿好朝服准备早朝，时间尚早，坐在桌前打盹，钮麑叹息道："不忘忠勤王事，真是民众的主心骨啊，杀了他就陷于不忠，违背王命又会失去信用，不如一死了之。"于是一头撞向庭院中槐树。越王勾践被吴王夫差围在会稽,无奈之下愿意向吴王称臣,将王后献给吴王作妾。后来回到越国,他就夜里睡在干草上,口里吃着苦蓼,一心要报会稽失败之仇。

【原文】

修母画荻以教子,谁不称贤;廉颇负荆以请罪,善能悔过。弥子瑕常恃宠,将馀桃以啖君;秦商鞅欲行令,使徙木以立信。

【译文】

欧阳修四岁失去父爱,家贫无纸笔,他母亲便用芦荻在地上写字,教他识字读书,使他成为著名的文学家、史学家,谁能不称赞她是贤母呢?廉颇和蔺相如不合,自恃功高认为理应在相如之上。后来他认识到自己的错误,十分懊悔,便背负荆条,到蔺相如面前请罪。春秋时,卫国的弥子瑕依仗国君的宠爱,把吃剩的半个桃子拿给卫灵公吃,卫灵公说:"多么忠诚,宁肯自己不吃,把美味送给了我。"等到子瑕色衰得罪,卫灵公又说:"这个人曾将他吃剩下的桃子给我吃,对国君的不敬,没有比这更厉害的";秦国的商鞅要推行新法,恐怕人民不信服,便在南门竖一根大木头,说道:"谁能移此木至北门,赏金五十。"后果然有人得赏,于是树立了自己的威信。

【原文】

王戎卖李钻核,不胜鄙吝;成王剪桐封弟,因无戏言。齐景公以二桃杀三士,杨再思谓莲花似六郎。

【译文】

王戎家里有棵好李树,李子很甘甜,为了不让好种外传,先在李核上钻下一个孔,然后卖出,这种鄙吝思想,真是绝无仅有;周成王少时与胞弟叔虞玩耍,成王剪下一片梧桐叶,做成圭形送给叔虞,说:"以此封你。"即位后果然封叔虞于唐,时人称为唐叔,这是因为国君出口成旨没有嬉戏之言。齐景公要杀公孙接、田开疆、古冶子三勇士,拿出两个桃子说:"请有功的人吃。"那三个勇士各自为己争功,桃子不够分,三个勇士先后自杀而死;唐朝张昌宗,小字六郎,容貌俊美,深得武则天的宠幸，内史杨再思谄媚张昌宗，时人誉美张昌宗，说："六郎貌似莲花。"而杨再思却说："莲花似六郎。"

【原文】

倒啖蔗，渐入佳境；蒸哀梨，大失本真。煮豆燃萁，比兄残弟，砍竹遮笋，弃旧怜新。元素致江陵之柑，吴刚伐月中之桂。捐资济贫，当效尧夫之助麦；以物申敬，聊效野人之献芹。

【译文】

甘蔗梢部味淡，根上味厚，吃甘蔗从梢上倒着啃至根部，这样可以渐入佳妙的境界；晋桓公每看到人不快，便说："你要是得到哀家梨，还蒸着吃吗？"因为秣陵哀仲家所产梨味甚美，肉松脆，入口即消，如果蒸着吃，就失去原有的美味。要煮熟豆子，便把豆萁做柴烧，这是比喻阿兄残害阿弟的话；砍掉了竹竿，来遮掩竹笋，这是抛弃旧的，怜惜新的。董元素有仙术，宋宣宗要吃柑子，他便用一个盒子摆在御榻前，顷刻功夫，便有江陵枝江县的美柑盛满盒子；吴刚学仙有了过失，玉皇大帝便罚他在月宫里砍伐桂树，那桂树高有五百丈，随砍随合，怎么也砍不倒。范尧夫是范仲淹的次子，曾到东吴去取租，得麦五百斛，舟泊丹阳，遇石曼卿，曼卿说："有三件丧事，因无钱财而无法办理。"尧夫便把一船麦子资助了他；用物品馈赠他人表达敬意，不妨效法田野村夫，把芹萍子来做贡献。

【原文】

冒雨剪韭，郭林宗款友情殷；踏雪寻梅，孟浩然自娱兴雅。商太戊能修德，祥桑自死；寇莱公有深仁，枯竹复生。王母蟠桃，三千年开花，三千年结子，故人借以祝寿诞；上古大椿，八千岁为春，八千年为秋，故人托以比严君。去稂莠正以植嘉禾，沃枝叶不如培根本。世路之榛芜当剔，人心之茅塞须开。

【译文】

汉代的郭林宗自种畦圃，友人范逵夜至，郭林宗便冒雨剪韭，作汤饼来招待他，这是殷切款待朋友的情谊；孟浩然诗怀旷达，曾冒雪骑驴以寻梅，这是他一时高兴，发出这种清雅高洁的兴致。商朝太戊初登位时，有不吉利的桑树生于朝廷阶下，七天便长成了大树，后来太戊修行德政，那株桑树又枯死了；寇莱公（寇准）本来有深厚的仁德，却被奸臣陷害，被贬雷州。他把竹枝插到神庙里，祷告神灵，说："准如不负朝廷，枯竹再生。"后来那竹枝果然复活再生。西王母的蟠桃，三千年一开花，三千年一结果。所以后人借用这句话，来颂祝老人家的生日；古时有棵大椿树，八千岁才算是一春，八千岁才算是一秋，所以后人用大椿来比况自己的父亲。除去戕害禾苗的毒草，为的是培植对人有利的禾苗；与其润沃枝叶，终不如培养它的根本。世上坎坷不平的道路，荆棘丛生，荒草乱长，这当然应该铲除；人心中迷惑就好像茅草堵塞了心灵，必须要开通才好。

【新增文】

姚黄魏紫，牡丹颜色得人怜；雪魄冰姿，茉莉芬芳随我爱。雪梅乍放，月明魂梦美人来；玉蕊齐开，风动佩环仙子至。尼父试弹琴，发泗水坛前之杏；渔郎频鼓柂，寻武陵源里之桃。

【译文】

姚氏家的千叶黄花，魏仁溥家的紫红牡丹，它们的颜色特别鲜艳，最受人们的喜爱；白雪的体魄，晶冰的姿容，这是香气怡人的茉莉花，任凭我尽情地抚爱。赵师雄迁罗浮，天寒日暮，在松林酒肆旁，见一美人淡汝素服，师雄和她说话，芳香袭人，与之共饮，不知不觉酣然入睡。等到醒来，只见明月在天，雪梅初放，方知是梦。唐昌观里有玉蕊花，一同开放，当微风轻轻吹过，犹如美女罗裙婆娑，又如仙子佩环丁当，由远及近，飘然而至。孔子在泗水，一边教弟子读书，一边弹琴，那坛席面前的杏树，听到琴声，绽开了满树花朵；晋朝武陵有个渔翁，划着船，发现了一片桃花林，因此误入了桃源洞，因此看到洞里另是一个世界。

【原文】

九烈君原为异柳，支离叟必属乔松。丈夫进学骎骎，勿效黄杨厄闰；男子为人卓卓，必如老桧参天。龙刍茂时，周穆王备供马料；水萍聚处，樊千里用作鸭茵。灵运诗成，已入西堂之梦；江淹赋就，更闻南浦之歌。

【译文】

唐朝有个李固言，曾走到古柳之下，听到柳树里有对话声，自称是柳神九烈君，知道是一株奇异的柳树。元代鲜于伯机，在庭前栽植了一棵怪松叫做支离叟。大丈夫求学问，一定要勇往直前，不论遇到什么困难，都不能懈怠进取的精神。不要仿效黄杨树，遇到闰月便反缩回去。男子汉为人的气概，定要卓卓不群，如同苍苍桧树，高与天齐。周穆王养了八匹骏马，当龙刍草茂盛的时候，就将它割下，预备作为饲料；樊千里的花园里，用聚集的水萍做鸭子的茵褥。谢灵运《登池上楼》诗有"池塘生春草"一句，这是他在西堂夜梦里做成的；江淹做了《别赋》，内有"春草碧色"、"送君南浦"等句，听到他的这首赋，便觉伤感得很。

【原文】

生成钩弋之拳，西山嫩蕨；剖出庄姜之齿，北苑佳瓠。曾言水藻绿于蓝，始信山菰红似血。元修蚕豆，自古称佳；诸葛蔓菁，迄今犹赖。生姜盗母荾留子，尽付园丁；芦菔生儿芥有孙，频充鼎味。

【译文】

西山新生出来极嫩的蕨芽，很像汉代钩弋夫人的拳头；剖开北苑里佳美的瓠瓜，瓜子像庄姜的牙齿。曾经听说水里的蘋藻绿得如同蓝草；相信山上的菰菜，红得如同凝结的血。苏东坡曾说过："蚕豆是菜中的美者，故人元修嗜之。"后人便把蚕豆叫做元修菜，它自古以来就是佳肴；诸葛亮在屯军的地方，叫士兵们种蔓菁，当做菜吃，时人把它称作诸葛菜，到如今人们的生活还是依赖它。芒种时栽姜，到夏至时姜芽长出，就可以把姜母挖出做他用，芫荾枯老，会结出菜籽，姜母和菜籽都落入园丁手中；苏东坡有两句诗："芦菔生儿芥有孙，不知何苦食鸡豚。"这是说芦菔可以做菜充饥，芥菜子可以作为调料，滋味鲜美。